Quando os pais se separam

Françoise Dolto

com a colaboração de Inès Angelino

Quando os pais se separam

Tradução:
Vera Ribeiro
Psicanalista

2ª edição
7ª reimpressão

Copyright © 1988 by Éditions du Seuil

Tradução autorizada da primeira edição francesa, publicada em 1988
por Éditions du Seuil, de Paris, França

*Grafia atualizada segundo o Acordo Ortográfico da Língua Portuguesa de 1990,
que entrou em vigor no Brasil em 2009.*

Título original
Quand les parents se séparent

Capa
João da França

Imagem da capa
Orlando Mollica

CIP-Brasil. Catalogação na fonte
Sindicato Nacional dos Editores de Livros, RJ

D694q
    Dolto, Françoise, 1908-1988
    Quando os pais se separam / Françoise Dolto; com a colaboração de Inès Angelino; tradução Vera Ribeiro. – 2ª ed. – Rio de Janeiro: Zahar, 2011.

    Tradução de: Quand les parents se séparent.
    Anexos
    ISBN 978-85-7110-069-5

    1. Filhos de pais divorciados. 2. Divórcio – Aspectos psicológicos. 3. Famílias de pais separados. 4. Pais e filhos. 5. Psicanálise infantil. I. Angelino, Inès. II. Título.

10-2837
    CDD: 306.89
    CDU: 316.813.5

Todos os direitos desta edição reservados à
EDITORA SCHWARCZ S.A.
Praça Floriano, 19, sala 3001 – Cinelândia
20031-050 – Rio de Janeiro – RJ
Telefone: (21) 3993-7510
www.companhiadasletras.com.br
www.blogdacompanhia.com.br
facebook.com/editorazahar
instagram.com/editorazahar
twitter.com/editorazahar

Sumário

Apresentação 7

1. A separação dos pais e o inconsciente da criança 9
   O divórcio e a estrutura triangular da criança • Desde a vida fetal, a mãe é bivocal para o filho • O espaço dissociado e os *continua* corporal, afetivo e social

2. Contar ou não contar? 21
   Por que e como falar da separação com os filhos? • Os motivos de divórcio invocados pelos pais são sempre falsos • "Não prevenir a criança é traumatizá-la"

3. A função positiva dos deveres 36
   Para além das noções jurídicas (interesse ou direitos da criança?), ter em mente sua autonomia • A divisão do tempo • "Os pais já não têm autoridade, mas responsabilidades" • Manter a referência ao outro genitor • Os filhos culpados das mães que "sacrificam tudo por eles" • Dever de visita, e não direito de visita • "Ninguém pode criar obstáculos ao dever de alguém" • Reações psicossomáticas às visitas do genitor descontínuo • Locais neutros? • Pensão alimentícia • Contra a guarda alternada dos filhos pequenos

4. A relação com os novos parceiros dos pais 66
   "É essencial para o desenvolvimento da criança que um adulto a impeça de ter uma intimidade total com o genitor em cuja companhia vive" • "O 'papai' não é necessariamente o pai" • É a palavra do genitor que torna seu novo parceiro digno de crédito para a criança • Pais homossexuais

5. A relação com as duas linhagens, ou mesmo com as duas etnias 74

A riqueza da mestiçagem socialmente aceita e defendida • A regressão da criança cujo genitor volta com ela para a casa de seus próprios pais • Os ditos dos avós temperando as censuras dos netos a seus pais

6. O trabalho da castração 81

A desorientação da criança diante de "dois polos norte" • Os ardis edipianos • Aceitar o luto da primeira infância • Da responsabilidade das mulheres no alcoolismo dos maridos e, por vezes, dos filhos • A violência entre os pais não é sentida da mesma maneira pela criança antes e depois do Édipo • A culpa: embolia do desenvolvimento • A inflação do pai e seu superinvestimento imaginário • O desejo necessário de querer morar na casa do outro genitor • Honrar os pais não é identificar-se com eles, mas encarregar-se de si mesmo

7. A criança e a escola 98

O silêncio sobre o divórcio: vergonhoso ou prazeroso • A leitura de textos literários: distanciamento em relação às provações da vida afetiva • Responder sem erotização às demandas de amor dos alunos • O "dizer do corpo": procura-se a enfermeira, mas não o "psi" nem a assistente social

8. A criança diante da justiça 107

Os malefícios do significante: "condenado", "por falha", "por erro" • A justiça não tem de querer "que a criança seja feliz, mas permitir que continue sua dinâmica estrutural" • "Somos cidadãos aos oito anos de idade" • Favorecer a autonomia mais precoce dos filhos de divorciados • Informar a criança sobre o processo • Que ela possa falar com o juiz • Respeitar a criança em sua dignidade de sujeito

Anexo: Os tipos de divórcio 127

Notas 130

Apresentação

Este livro não é um ensaio de técnica analítica e não contém casos clínicos, mas tudo o que nele proponho se fundamenta em minha experiência clínica. Alguns pais que tinham estragado sua vida conjugal – por vezes, diversas vidas conjugais sucessivas – puderam analisar comigo o retorno de recalcamentos de sua infância, ligados à separação de seus próprios pais e ao silêncio imposto a essas experiências. Por isso é que este livro foi escrito, tanto para os pais quanto para seus filhos.

Ele se apresenta como uma longa entrevista, parte da qual concerne também a todos aqueles e aquelas que "aplicam os procedimentos da justiça" através dos diferentes "órgãos profissionais" desse aparelho institucional e fora dele.

De certa forma, é o livro de uma cidadã, psicanalista por profissão, que, como é sabido, interessa-se pelo que pode constituir a prevenção das dificuldades devidas aos sofrimentos inconscientes das crianças, sofrimentos estes sempre articulados com o não dito ou com uma mentira implícita, ainda que sejam mantidos em nome do "bem" da criança.

F.D.

1. A SEPARAÇÃO DOS PAIS E O INCONSCIENTE DA CRIANÇA

INÈS ANGELINO: Será que o estado de desentendimento entre os pais não abala o filho tão profundamente quanto a separação ou o divórcio?

FRANÇOISE DOLTO: Como, numa casa em que o pai e a mãe vivem em estado de desentendimento, poderia a criança não sentir uma impressão de ameaça para sua própria coesão, para seu dinamismo? Muitos desses filhos são bastante angustiados e perguntam aos pais: "Vocês vão se divorciar?" Eles gostariam de saber se está claro que os pais irão se divorciar ou se continuarão a viver brigando. As crianças também são seres lógicos. Por isso os pais deveriam explicar-lhes a diferença entre os compromissos recíprocos do marido e da mulher e os dos pais frente aos filhos. No caso de um desentendimento, uma separação ou um divórcio, não existe isenção relativa à palavra empenhada de criar os filhos. O divórcio legaliza o estado de desentendimento e leva a uma libertação da atmosfera de discórdia e a uma outra situação para os filhos. Para estes, o divórcio é inicialmente misterioso, mas não deve permanecer como tal; de fato, o divórcio é uma situação legal que traz uma solução também para os filhos. É isso o que se pode explicar no consultório do psicólogo ou do médico, quando os pais chegam com seus filhos, por exemplo, num estado de desentendimento confirmado, e dizem: "Vamos nos divorciar."

Muitas vezes, o divórcio é provocado pelo encontro com um outro que surge como um cônjuge potencial, mas nem sempre. Por vezes, esclarece uma situação de discórdia que vai se agravando à medida que os filhos crescem, enquanto eles próprios tentam em vão restabelecer o clima familiar anterior. É igualmente possível que, no momento da puberdade, os adolescentes entrem em guerra aberta contra um dos pais, sob o pretexto de verem que o outro não é feliz. Tomam então o partido de um ou de outro. Em todos esses casos, o divórcio esclarece a situação para o filho, sob a condição de que tudo isso seja claramente dito, oficialmente, diante do resto da família e dos amigos.

Logo percebemos, portanto, que os filhos se situam em relação a ambos os pais, simultaneamente, numa triangulação. E este é o momento de lembrar que sua clínica, já há quarenta anos, fundamenta-se na atividade e no saber próprios do lactente – porque, como sabemos agora, ele não é nem ignorante nem passivo. Sua clínica e sua teoria enfatizam, além daquilo que chamamos a "díade mãe-bebê", a triangulação mãe-pai-filho, que começa desde a concepção da criança. Da mesma forma, você insiste no papel das redes relacionais de que a criança participa.

A "díade" mãe-bebê é um termo do dr. Berge. Essa díade existe, e abarca a realidade da época em que o lactente não pode ser separado da mãe sem o risco de uma ruptura existencial.[1] Trata-se de um estado fusional do organismo da criança com o organismo da mãe, um estado cuja ruptura, ou mesmo apenas uma suspensão duradoura, provoca efeitos que podem não ser impressionantes a curto prazo, mas que são indeléveis a longo prazo. Os vestígios dessas rupturas precoces e seus efeitos são encontrados nas psicanálises de adultos como etapas perigosíssimas vividas após o nascimento. A díade dá continuidade, durante sete, oito, ou, no máximo, nove meses, à vida fetal na vida aérea. Mas de modo algum exclui a triangulação mãe-pai-bebê, da qual a criança constituiu um polo no momento de sua concepção – uma triangulação que existe desde aquele instante. De fato, a díade é sempre uma triangulação. A mãe é, para seu filho, "bivocal". Desde a vida fetal, ele percebe melhor a voz do pai falando com a mãe do que a voz desta última. E a mãe, para ele, é uma mãe ainda mais viva quando o pai conversa com ela.

Para muitas crianças, a mãe é bicéfala, se o pai é amoroso e está muito presente em casa. Mas a mãe é sempre, como acabo de dizer, bivocal, e isso desde a vida fetal da criança: para esta, há uma mãe cuja voz é menos distintamente percebida, por causa dos agudos, e existe a voz do homem, sempre mais bem ouvida durante a vida fetal do que a da mãe. Logo, o pai tem sempre um lugar marcado para o filho.

Mas também é preciso que a mãe lhe enfatize, posteriormente, a importância que tem para ela a voz do pai. Acontece que muitas mães "se adornam", se me posso expressar assim, com o filho, "enfeitam-se com ele": trata-se de um filho só delas, e elas nada fazem para que o pai entre em contato com ele, embora devessem falar dele com o filho; dizer-lhe, por exemplo: "Olhe papai chegando. Sabe, quando você estava na minha barriga, ele falava com você." Elas raramente o fazem.

Muitas mães caem na armadilha de sua possessividade frente à criança, sobretudo quando se trata de um menino. Não conseguem prender tanto as filhas, porque estas, por sua vez, voltam-se para o pai. Mas o menino deixa-se emboscar completamente pela mãe, que representa para ele um complemento sexual inteiramente inconsciente. Na presença do pai, o bebê masculino diz a si mesmo: "Mas, afinal, o que é que esse sujeito está fazendo aí? Se a mamãe não está contente com a presença dele, então também não estou." Se ela está contente, é preciso se "acostumar". Além disso, a criança também reconhece a voz do pai. Sobretudo quando o pai lhe dirige a palavra e quando a mãe fala com o pai. O pai só assume importância na vida da criança pequena pelo fato de a mãe lhe falar dele e pela maneira como esta lhe fala sobre ele. Já a menina tem por si mesma – mesmo que a mãe não lhe fale dele – uma reação direta diante do pai, uma atração direta por ele. Uma atração que não passa unicamente pela voz, mas passa também pelo cheiro de macho e por alguma coisa que ainda não conhecemos. O pai é o protótipo eletivo dos homens para a menina; e todos os homens interessam às meninas, a não ser que a mãe realmente se oponha a eles de tal maneira que não consiga suportá-los. Nesse caso, a menina sente que há um perigo vital para ela se vier a se voltar para os homens.

Essa diferença entre o menino e a menina é perfeitamente visível nas amamentações dos primeiros dias. Quando um homem entra no recinto, o menino de modo algum se volta para ele; ao contrário, aninha-se, afunda ainda mais no colo materno, agarrando-se com as mãos para que a mãe cuide dele. Já a menina, por sua vez, solta o mamilo e olha quem está chegando; depois, volta para o mamilo; há uma atração de desejo que a arrebata – a menos, evidentemente, que esteja esfaimada. Ao contrário, quando é uma mulher que entra no aposento, ela não se perturba e continua a mamar.

É muito interessante observar essa diferença tão precoce de comportamento – um comportamento que, algumas vezes, não volta a ser observado depois, em função da educação inconsciente que a mãe tiver dado a seu bebê. De qualquer modo, é algo que se revela manifesto, que está ali, instintivo, primário, inconsciente.

Já seria uma diferença sexuada?

Sim. Por outro lado, a presença do pai no nascimento, quando ele deseja ver seu filho nascer, é uma segurança para a mãe. Antigamente, era natural que a avó materna estivesse presente no parto. Hoje em dia, a parturiente prefere ter seu cônjuge ao lado dela, e tenho certeza de que, para a criança, é preferível ser acolhida pela voz e pela alegria de seus dois genitores, mais do que por um "coro" antiquado na pessoa da avó, que revive, não sabemos de que maneira, o próprio parto da filha ao vê-la dar à luz. Pode-se dizer que a criança que nasce entre ambos os pais está imediatamente num presente que se abre para o futuro, ao passo que, se é acolhida pelas parteiras e pelas avós, fica mais referida aos ancestrais.

Ao evocar os momentos que se seguem ao nascimento, ocorreu-lhe falar numa tríade: "as primeiras horas de feliz intimidade da tríade mãe-bebê-pai ... são insubstituíveis para o estabelecimento do vínculo simbólico pós-natal."[2] Acaso esse vínculo simbólico está presente quando a criança mama no seio da mãe?

Já abordei essa questão numa outra obra, mas certamente é útil lembrá-la aqui: "Essa articulação se faz pela experiência vivida no corpo: pelo fato de que a criança é confirmada, em seu corpo, em seu direito de viver, pela plenitude que lhe é trazida pelo seio repleto de leite. E quando ela vê essa mãe que lhe dá o seio em companhia de um outro, quando vê que ela a refere a esse homem, e que, por sua vez, esse homem a refere a sua mãe, então, o que ela recebe da mãe passa a provir da palavra do pai – o que presentifica o enriquecimento da vitalidade da criança: é uma criança que se repreenche graças ao fato de o pai ser o recurso afetivo da mãe, a qual, referida a ele, torna-se o recurso afetivo do filho. Todos três são responsáveis, cada qual já o sendo, perante os dois outros, pelo vínculo genético, e além disso, depois do nascimento, pela relação de objeto parcial fálico que satisfaz a necessidade; quanto à relação triangular de amor, ela está dirigida para o desejo: é por vê-la pareada com um outro que o par formado pela criança com a mãe ganha sentido para sua futura sexuação consciente, desafiando o desejo do outro no amor."[3]

Nessa intimidade, os dois polos parentais são sentidos como "dignos de crédito" pelo lactente. Não haverá variações dessa triangulação?

Há muitas variações, algumas são "intrigantes" até para as crianças muito pequenas. Por isso que quando um dos polos parentais está articulado com outra pessoa que não o pai ou a mãe, é preciso que o papel dessa terceira pessoa, para que ela própria se torne digna de crédito, seja claramente dito à criança: que lhe seja dada uma explicação lógica que leve em conta as relações afetivas entre um desses polos e essa pessoa.

Quanto às "redes relacionais" de que você falou, elas são as situações em que a criança transfere para outras pessoas essa triangulação necessária pai-mãe-filho, que ela reencontra em suas relações com os outros seres humanos.

Essa triangulação pode ser percebida?

Nós a vemos perfeitamente nas brincadeiras infantis. Além disso, podemos percebê-la com muita clareza nos desenhos e na maneira de viver da criança a partir dos sete anos. Seu equilíbrio, quando se trata de um menino, consiste em ter na imaginação um colega e uma menina de quem fala com o primeiro. Essa é uma triangulação.[4] E mesmo que, mais tarde, na realidade, outros assumam o lugar dos primeiros, é preciso que haja esses três personagens para que a criança – menino ou menina – sinta-se em equilíbrio dinâmico. Depois, a partir desses três constroem-se cinco – refiro-me aqui à estrutura inconsciente do social e às projeções no social.

E por que cinco?

Cada um desses dois do mesmo sexo – o menino e seu melhor amigo, a menina e sua melhor amiga – são "amiguinho-amiguinho", "companheira-companheira", numa homossexualidade casta. O colega do mesmo sexo serve de ego auxiliar para o menino; esse colega tem, por sua vez, um melhor amigo do momento, um ego auxiliar, e uma colega de quem os dois falam. O mesmo acontece com a menina.

O ego auxiliar permite à criança, desse modo, entender a triangulação filho-mãe-pai numa castidade de amizade a cinco, que fundamenta a estrutura inconsciente do social e as projeções no social. Esse ego auxiliar casto desempenha um papel importante na estruturação; a falta de uma irmã para os homens e de um irmão para as mulheres, bem como as brincadeiras sexuais prolongadas por muito tempo, não favorece sua existência.

Em contrapartida, quando a menina ou o menino chegam a se estruturar na castidade da amizade a cinco, eles podem começar a ter um amado; a ausência dessa estrutura complica sua vida adulta de casal.

Temos aí um longo desvio, mas que nos esclarece quanto ao que a separação dos pais põe em jogo para a criança.

Acho que é preciso ir até um pouco mais longe e assinalar o mal-entendido que frequentemente cerca a referência à díade. As pessoas passaram a acreditar nessa díade como num dogma, e a sociedade quer que a criança dê continuidade a essa "díade infantil" com a mãe e que não haja originariamente três pessoas, quando, em absoluto, não é isso o que acontece. Se existe, na aparência, uma díade infantil com a mãe, é porque a mãe, para seu bebê, contém e representa o pai. Da mesma forma, o pai contém e representa a mãe para seu filhinho. Para este, o pai ou a mãe são uma entidade desdobrável: uma "mamãe-papai" ou um "papai-mamãe". Essa "mamãe-papai" ou esse "papai-mamãe" não são fonte de confusão sexual. Aliás, se há confusão no bebê, não é em seu próprio corpo. Porque ele se sente mais atraído sexualmente por um dos pais. Seu ideal de vida, ela o vê no adulto em que se transformará: o menino se torna homem com uma mulher e a menina se torna mulher com um homem, pelo fato de que papai "tem" mamãe e mamãe "tem" papai.

Agora, é verdade que podem se produzir inversões no interior da triangulação. Refiro-me aqui à estrutura inconsciente de referência de todos os comportamentos libidinais que emergem nos níveis libidinais orais e anais: o *dizer*, o *ouvir* e o *ver*, que fazem referência ao oral: o *fazer* e o *produzir*, que fazem referência ao anal. É por isso que, conforme seu ideal, uma criança que esteja sempre referida ao pai pode, mesmo assim, "inverter seu sexo" – se é que podemos dizê-lo –, quando é a mãe quem mais exprime as pulsões ativas, emissivas: quando ela fala alto, bate com facilidade e é dominante em casa. Quando é uma mulher que, além disso, sabe limitar o imaginário da criança para apoiá-la no enfrentamento da realidade. Pode ser que o pai, por sua vez, apesar de perfeitamente viril frente a sua mulher do ponto de vista genital, dê em casa o exemplo de alguém bastante reservado, bastante atencioso, bastante ponderado. Para o menino, nesse caso, emanam do pai mais pulsões passivas do que da mãe. Entretanto, quando a mulher que o cria, tendo essas qualidades paternalizantes de ensinar a lei, é a única a ensiná-la ao menino, e mais ainda, quando o pai é afetiva e genitalmente carente em sua relação com a mulher, o menino corre o risco de se construir como homossexual: isso significa que, para ele, para ser valoroso é preciso ser mulher. Ele preserva perfeitamente em si a noção de que tornar-se homem é tornar-se viril, mas viril segundo o exemplo que lhe é dado pela mãe. E por que não, se ele tem apenas esse modelo? Então, no momento do Édipo, as pulsões ativas do menino, que deveriam investir os testículos, não podem fazê-lo. Há uma contradição entre as pulsões ativas, emissivas, expressas pela mãe, e a fantasia de penetrá-la. Como pode ele desenvolver-se num corpo peniano, em contradição com a mãe, que se desenvolveu num corpo não peniano?

Também é possível que haja riscos para a menina quando, embora se esteja identificando com a mãe, ela toma a professora da escola, em certo momento, como um ego auxiliar que sobrepuja a imagem da mãe e a do pai. Se este parece desempenhar em casa um papel secundário, o saber escolar concernente à realidade – um saber de valor dominante em relação ao imaginário – pode bloquear a menina numa neutralidade afetiva, fazendo dela então uma homossexual que se desconhece, sem poder resolver realmente seu Édipo: para ela, será preciso ser neutra e ativa em casa para se tornar uma mulher de valor.

Nos dois casos, trata-se de uma estrutura inconsciente que procura manifestar-se na realidade das trocas com outrem.

A triangulação inconsciente pais-filho pode conduzir a efeitos aparentemente contraditórios. Assim, a criança criada apenas por uma única pessoa, e que é obrigada a se identificar com esta, é levada a buscar a saída para suas pulsões ativas e passivas nessa mesma pessoa, que encarna sozinha os dois polos da triangulação originária. O problema assim colocado ante a criança – um problema específico dos seres humanos – não se deixa reduzir a uma simples questão de comportamento. Não se trata, de maneira alguma, de comportamento. Nesse tipo de identificação, trata-se, para o sujeito, de qualquer coisa de mais sagrado do que a moral, porque se prende a sua estrutura inconsciente, porque afeta sua dinâmica no que ele tem de mais essencial: o sexo.

É assim que o sujeito pode chegar às perversões em relação à moral, a aberrações que são "sagradas" para sua ética, uma ética falseada pelos acontecimentos de sua vida infantil, por ele não ter podido encontrar do lado de fora duas pessoas que representassem nele a triangulação do início da vida. Certamente não é raro tais situações surgirem depois do divórcio. Em particular, esse é o caso dos meninos que vivem exclusivamente com a mãe.

Voltando ao caso mais geral, de que modo a criança vive as dissociações acarretadas pelo divórcio?

Convém saber que existem, na vida da criança, três *continua*:

- o *continuum* do corpo;
- o *continuum* da afetividade;
- o *continuum* social.

O *continuum* na criança são seu corpo e sua afetividade. Seu corpo construiu-se num determinado espaço, com os pais que estavam presentes. Quando os pais vão embora, caso o espaço já não seja o mesmo, a criança não mais se reconhece nem mesmo em seu corpo, ou seja, em seus referenciais espaciais e temporais, já que uns dependem dos outros. Se, ao contrário, quando o casal se desfaz, a criança pode permanecer no espaço em que os pais tinham sido unidos, há uma mediação e o trabalho do divórcio é feito de maneira muito melhor para ela. Não sendo assim, como seu corpo se identifica com a casa em que ela vive, e já que essa casa fica destruída para ela pela ausência de um dos pais ou pela mudança do casal, ou quando ela própria tem de deixá-la, a criança vivencia dois níveis de desestruturação: no nível espacial, que repercute no corpo, e no nível da afetividade, através de sentimentos dissociados.

Até que idade?

Oito, nove anos; sete para algumas crianças – as que são apoiadas pelas palavras de um terceiro capaz de ajudá-las a compreender o divórcio como um ato responsável por parte dos pais. A criança só pode realmente fazer o trabalho afetivo de compreender o divórcio, se é muito pequena, quando permanece no mesmo espaço. A tal ponto que, havendo possibilidade para os pais, melhor seria que o apartamento ficasse com os filhos e que eles próprios fossem alternadamente viver ali seus "deveres parentais". O lugar de residência habitual dos filhos deve ser aquele em que eles viveram com ambos os pais e onde permaneçam com um único genitor.

Isso é válido não apenas com referência à casa, mas também à escola, quando se trata de crianças a partir de sete ou oito anos. Não é aconselhável que, por ocasião de um divórcio, a criança seja forçada a deixar sua escola para ingressar em outra. Podemos ter certeza de que ela terá dois anos de atraso escolar; não poderá mais acompanhar a escola, por estar bastante dividida.

Quando o divórcio sobrevém no correr do ano letivo e a criança deixa a escola para ir morar em outro local, isso é igualmente prejudicial. É que a confusão sentida pela criança é dupla: de um lado, seu ser íntimo, o sujeito tal como formado por aqueles dois seres estruturantes, fica abalado; de outro, seu ser social, que depende dos colegas de sua faixa etária, é danificado. Será preciso que ela se habitue com outros colegas, que lhe perguntarão por que ela está chegando no meio do ano; daí sua confusão redobrada.

Além disso, sucede que, para evitar um conflito, não dizem a verdade à criança e dão a ela como explicação: "Seu pai [sua mãe] viajou." Ora, o pai [a mãe] não volta de viagem. Nesse caso, mesmo que a criança prossiga em sua escolaridade no mesmo estabelecimento, isso não funciona, pois o *continuum* social terá sido rompido por não se ter dito a ela a verdade sobre a nova maneira de viver dos pais que se separaram.

Você acabou de evocar o abalo do ser íntimo. O diretor de uma escola primária que comporta turmas maternais escreveu: "A criança, no momento de rompimento do casal, torna-se tristonha; não brinca mais na classe e fica 'no mundo da lua', absorta em seus pensamentos e suas reflexões."[5]

Esse é um comportamento linguístico, expressivo de um abalo profundo que a criança não dispõe de palavras para traduzir. Para falar, é preciso estar inteiro, e não em estado de fragmentação. É preciso, por outro lado, que a criança se sinta implicitamente autorizada a falar desse problema, e isso graças às palavras que ambos os pais lhe forneceram para conversar sobre o assunto com pessoas estranhas à família.

Podemos observar um comportamento idêntico ao que você mencionou na criança que acaba de tomar conhecimento de que o pai ou a mãe está com câncer, ou de que o avô ou a avó acaba de falecer. Essa mesma reação pode sobrevir, igualmente, caso ela ouça dizer que a situação do pai piorou e que talvez ele fique desempregado dentro de poucas semanas. Não se trata de um comportamento característico da situação de separação dos pais. É um comportamento que testemunha sempre um abalo profundo.

2. Contar ou não contar?

Você acabou de evocar as desestruturações bruscas da afetividade da criança. Poderia dizer quando e como anunciar o divórcio à criança? Os livros e guias sobre o divórcio dedicam, em geral, poucas linhas aos filhos. A Comissão sobre a Guarda dos Filhos de Divorciados,[6] da qual você participou, tinha proposto redigir um livro para chamar a atenção dos pais para as dificuldades que os filhos podem enfrentar.

Não se tratou muito seriamente de fazer esse livro. Falou-se nisso. No que me diz respeito, eu disse: "Um livro não basta; as pessoas teriam necessidade de ouvir alguém falar com elas, com elas ao mesmo tempo que com seus filhos, sobre o divórcio." O essencial é que os filhos sejam avisados do que está se preparando no início do processo e do que ficará decidido ao final dele, mesmo quando se trata de crianças que ainda não andam. A criança deve ouvir palavras claras acerca das decisões tomadas por seus pais e homologadas pelo juiz ou por este impostas aos pais.

Em Quebec, procede-se a uma pequena cerimônia quando uma família é naturalizada. A família inteira, os pais e os filhos, incluindo os bebês, participa. Cada um é individualmente reconhecido e nomeado cidadão do país que está lhe outorgando todos os direitos, sob a condição de que ele respeite a lei, e para ele se leem artigos extraídos da Constituição. O chefe da família tem de declarar sua concordância, assim como a mãe e todos os filhos que souberem falar. Os bebês que ainda não falam devem estar presentes, já que são considerados cidadãos desde o nascimento.

Do mesmo modo, seria importantíssimo que os filhos soubessem que o divórcio dos pais foi reconhecido como válido pela

Justiça e que, dali por diante, os pais terão outros direitos, mas que, apesar de liberados da fidelidade um ao outro e da obrigação de viver sob o mesmo teto, eles não são liberáveis de seus deveres de "parentalidade", cujas modalidades o juiz terá estipulado.

O divórcio é tão honroso quanto o casamento. De outro modo, todo o silêncio feito em torno dele fica sendo, para as crianças, como se o divórcio fosse uma "sujeira", sob o pretexto de esse acontecimento ser acompanhado de sofrimento. Ora, não é por se sofrer uma fratura na perna que ela é escondida dos outros, como se fosse uma "sujeira".

Um livro, por si só, não pode ajudar os pais. Eles precisam ventilar seus afetos em contato com alguém que os ajude a fazê-lo, porque lhes é difícil ter de submeter os filhos a algo que os fará sofrer e que eles não podem evitar-lhes.

Você poderia explicar o que entende por "ventilação dos afetos"?

Quero dizer, com "ventilar", que os dois pais devem humanizar sua separação, dizê-la em palavras, e não guardá-la para si sob a forma de uma angústia indizível, exprimível somente pelos humores, por estados depressivos ou de excitação que a criança sente como um abalo na segurança dos pais. É importante que eles assumam realmente a responsabilidade por sua separação e que se possa fazer um trabalho de preparação. Alguns não têm necessidade de um terceiro, mas são pouco numerosos. Nos estados passionais, não se pode falar quando não há um terceiro. Por isso é que seria desejável que, antes de registrar o pedido de divórcio, os cônjuges tivessem a possibilidade de dizer, na presença de um terceiro, as razões pelas quais não veem outra solução senão a separação, e isso em nome do sentido de sua responsabilidade, e não por queixas passionais superficiais. Falar na presença de um terceiro mobiliza afetos e pulsões que permitem, forçosamente, um trabalho no nível do inconsciente. Exprimir suas desavenças perante um terceiro ajuda os cônjuges a reconhecer sua relação interpessoal como insatisfatória, a confessar seu fracasso e a amadurecer sua decisão. É nesse momento que eles podem anunciar aos filhos que seu desentendimento se tornou sério, que não vai se ajeitar. Nessa ocasião, os filhos devem suportar essa prova junto com os pais.

Até aqui, você falou numa ventilação dos afetos fora do processo judicial. Você crê que ela seja possível no próprio contexto do processo?

Não da mesma maneira, porque, nessa ocasião, o casal ou um dos cônjuges já estará empenhado no processo; mas, em geral, produzem-se alguns deslocamentos muito sintomáticos, que variam de um casal para outro: reivindicar certos objetos, querer obstinadamente conservar o sobrenome do marido, desejar obter a autoridade parental a qualquer preço, não chegar a um acordo sobre o montante da pensão alimentícia, tudo isso são pontos de fixação possíveis, "cavalos de batalha".

Esses pontos de discordância devem ser enfrentados?

É claro! Faz-se então necessário que sejam suficientemente discutidos e que, se possível, os homens da lei façam seus clientes compreenderem que eles estão mais à procura de pretextos do que de uma solução justa para os filhos e para eles próprios.

Acaso a fixação em certos pontos de discordância, bem como, inversamente, a perfeita indiferença de um dos cônjuges frente às reivindicações do outro, testemunhariam uma insuficiência dessa ventilação prévia dos afetos?

Certamente; e o advogado teria então um papel a desempenhar no que concerne à criança. Com bastante frequência, os advogados só pensam em agradar seus clientes. Não percebem que, nessa etapa do divórcio, enfatizar a criança equivale justamente a cuidar bem dos clientes, porque equivale a cuidar da descendência deles. Os clientes são mortais, mas seus filhos viverão depois deles.

Uma vez iniciado o processo, creio que caberia ao juiz escutar as partes, uma diante da outra. Aliás, esse é o verdadeiro espírito da "conciliação", termo que, para muitos, tem apenas um valor institucional, jurídico.

Há juízes que atendem por muito tempo alguns casais que eles sentem estar hesitantes; por vezes, quando um prazo de reflexão lhes parece útil, eles chegam até a adiar a audiência ou o processo.

Lamentavelmente, eles são muito raros. O ritmo dos acontecimentos obriga a uma cronometragem, muito embora adiar possa ser utilíssimo para ajudar mais a amadurecer uma decisão.

E quando nenhuma ventilação tem lugar, por exemplo, por já terem os dois cônjuges previsto tudo de comum acordo, sem discutir a fundo o conflito, e por afirmarem não ter nenhuma recriminação a fazer um ao outro?

Nesse caso, trata-se de uma espécie de recalcamento, deliberado ou inconsciente, que às vezes pode transcorrer sem prejuízos, mas que também pode ter como efeito, depois do divórcio, conflitos que, um e/ou o outro dos ex-cônjuges, bem como o filho, sentirão com intensidade ainda maior na medida em que, até esse momento, tudo se houver passado em surdina.

Você evocou a desestruturação da afetividade provocada por um acontecimento que toca intimamente a criança. Na pesquisa que você conduziu,[7] a grande maioria dos adolescentes não fora informada do divórcio dos pais e das consequências que dele decorreriam para eles; todos lamentaram isso.

Na minha opinião, a criança deveria ser verbalmente informada pelos pais, assumindo estes suas dificuldades. Como lhes é difícil falar sobre o assunto, eles poderiam receber a ajuda de uma educação progressiva, trazida por filmes ou pelos meios de comunicação de massa, se a orientação destes se modificasse. Em geral, os pais que discutem na frente dos filhos e têm um grande desentendimento não querem confessar isso diante deles: "Vá embora, suma daqui; não é da sua conta o que está acontecendo entre nós." E, no entanto, isso é da conta deles em primeiro lugar.

Se os filhos estivessem a par da situação, não viveriam num sonho que se procura manter, um sonho conforme à idealização da criança pequena, o do "papai-mamãe" estreitamente ligado, inseparável, que representava a segurança dos pais. Informá-los poderia ser muito positivo para eles, porque, quanto mais os pais têm dificuldades, mais os filhos podem ser apoiados para se tornarem rapidamente autônomos.

Além disso, é uma perfeita bobagem não informá-los, porque as crianças são totalmente capazes de assumir a realidade que vivem. Já que a vivem, isso prova que a assumem inconscientemente; mas é preciso apor-lhe palavras, para que essa realidade se torne consciente para elas e seja humanizável. Caso contrário, em vez de humanizar a realidade, elas a animalizam, ou então a idealizam, fugindo para as fantasias.

Ao contrário disso, alguns pais evitam discutir diante dos filhos, tentam esconder suas discordâncias e se divorciam "amigavelmente".

A expressão "amigavelmente" é um termo jurídico. Significa que os cônjuges não são forçados a enviar cartas injuriosas um ao outro, que a Justiça lhes faculta a escolha de um mesmo advogado para submeter ao juiz suas decisões acerca dos filhos. Este em geral as aceita. É a esse procedimento que se chama "amigável". Mas, se "amigavelmente" significa "hipocritamente", ou seja, "divorciar-se sem avisar o filho", então é dramático, pois é justamente isso o que é traumatizante para ele.

Para serem informadas sobre as formalidades a serem cumpridas com vistas ao divórcio, é bastante frequente as mães se dirigirem primeiro a uma assistente social, ou a uma conselheira conjugal e familiar, ou a um conselheiro jurídico. Estes observam, na maioria das vezes, a grande dificuldade das mães em falar sobre os filhos nessa ocasião. Às perguntas formuladas a propósito do filho, essas mães frequentemente respondem: "Ele não percebe nada", "Ele é pequeno demais", "Ele ainda é um bebê para sua idade". Deve o primeiro interventor, mesmo assim, tentar incitar a mãe a falar com o filho?

As primeiras palavras ouvidas por uma pessoa em estado de profunda comoção afetiva têm sempre um impacto muito importante. O interventor deve dizer à mãe: "O problema que seu divórcio levanta não é a senhora, e sim seu filho e a idade que ele tem."

Você escreveu que seria importante que os pais dissessem, no momento em que anunciam sua intenção de se divorciar, que não lamentam o nascimento do filho.[8]

É importante, de fato, pois, caso contrário, a criança acha que eles lamentam tudo, já que querem anular a palavra empenhada. Ela passa então a acreditar que os pais estão anulando não somente os acordos entre si, mas, ao mesmo tempo, o amor que têm por ela, ainda mais quando é incitada a dizer a um dos pais, nessa situação, "Não gosto mais de você", quando se identifica com o outro genitor. E, como tem em si a necessidade de continuar a amar ambos os pais, o que ocorre, se nada lhe é explicado, é algo que distorce seu equilíbrio profundo.

Se os pais se amaram, se se desejaram no momento da concepção e do nascimento do filho, não convém que neguem o amor que tiveram um pelo outro em dado momento. Seria conveniente evitar que a criança fosse levada a imaginar que, já que os pais não amam mais um ao outro, já não amam *nela* o outro genitor – ou seja, pelo menos a metade de sua própria vida –, mesmo que cada um deles ame a parte que foi concebida por si. A criança precisa que cada um dos pais lhe diga: "Não lamento ter me casado, mesmo que seja difícil me divorciar, já que você nasceu e que ambos estamos tão felizes com sua presença que estamos brigando para tê-lo ainda mais"; ou então, se os processos de separação dos pais não casados são agora bem parecidos com os do divórcio: "Não lamento ter vivido com seu pai [com sua mãe], já que ambos estamos tão felizes por ter você que estamos brigando para tê-lo ainda mais."

Se a criança nasceu de um desejo físico, e não do amor, se nasceu de um momento em que os corpos de seus genitores se uniram sem que eles estivessem certos de ficar juntos, creio que, também nesse caso, é importante que isso lhe seja dito, pois significa que ela teve a força de provir de um casal que não tinha certeza de durar. Foi ela quem desejou ganhar vida; não foi um "aborto espontâneo", o que prova que houve para ela do que viver naquele casal que aparentemente não se entendia; portanto, ela própria detém a responsabilidade por sua vida. A influência recíproca de dois seres que compartilham sua vigília e seu sono não é desprezível, pois a comunicação dos inconscientes pode revelar-se aí totalmente diferente da que eles previam durante sua ligação amorosa sem vida em comum.

Ademais, o nascimento dos filhos pode ser o ponto de partida de dificuldades que, se o casal fosse estéril, não teriam aparecido. Trata-se, nesse caso, do que a psicanálise permitiu compreender: as repetições de situações mal vividas por um dos pais quando de sua própria infância. Se uma terceira pessoa falasse com a criança diante de seus pais, passionalmente convertidos em inimigos, o que teria de importante a lhe dizer seria: "Esse divórcio e esse sofrimento não são inúteis, já que você nasceu e é um sucesso desse casal." E isso porque, ainda que haja dificuldades num casal por causa dos filhos, o fato de ter uma descendência constitui um êxito do casal.

Ocorre que muitos filhos sentem-se culpados pelo divórcio, em razão das complicações dos encargos e responsabilidades que sua existência faz pesar sobre ambos os pais. Isso pode se transformar numa experiência terrível para eles. Dizem essas crianças: "Eu não deveria ter nascido. Não vou me casar, para ter certeza de que não produzirei filhos infelizes." Essa culpa surge no momento da puberdade. É a culpa por haver nascido daquele casal. Não suspeitamos suficientemente de seus efeitos deletérios, não a curto prazo, e sim no momento da adolescência, no momento de assumir pessoalmente o encargo de uma ligação amorosa.

Alguns autores afirmam que é necessário revelar à criança os motivos do divórcio – "Seu pai bebe", "Sua mãe é ciumenta demais e vive fazendo cenas", ou ainda "Seu pai tem outra mulher" ("Sua mãe tem outro homem") –, a fim de que ela compreenda que se trata de razões sérias.

Creio que essas razões invocadas por cada um dos pais separadamente – e não podemos impedi-los de fornecê-las – são sempre razões falsas, pelo menos para os psicanalistas. Pois sabemos perfeitamente que, quando um homem alega ter passado a beber depois do casamento, na realidade, ou bem já bebia antes – e sua mulher, por razões pessoais (seria, por exemplo, filha de um homem que bebia), precisava casar-se com um homem que bebesse –, ou bem se produziu efetivamente algo de novo no casal: talvez a maternidade tenha tornado a mulher negligente em relação ao marido, o que vemos com muita frequência.

Quanto às alegações de que "Sua mãe é ciumenta demais e vive fazendo cenas", a criança assiste às cenas, mas desconhece a razão profunda delas. Não é testemunha do que o pai faz quando não está em casa. Simplesmente vê que seus pais discutem. Ora, ela também vê colegas cujos pais discutem mas permanecem juntos. As brigas não são uma razão de divórcio, ao contrário daquilo que muita gente acredita. O que constitui motivo de divórcio é que cada um quer recuperar sua liberdade, seja sua liberdade de ação, seja sua liberdade pecuniária, sem ter que ouvir as críticas do outro, por já não existir amor e, acima de tudo, por não mais existir o desejo que faz com que dois seres, apesar das frequentes discordâncias, tenham uma eletividade de busca sexual um pelo outro e, por motivos que nunca são lógicos, nem justificáveis, não possam se separar; em suma, quando já não se trata de seres que têm, ao mesmo tempo, a necessidade e o desejo de ficar juntos.

Todas as justificativas do divórcio, a meu ver, são justificativas falsas. Mas o que se pode dizer, explicar a uma criança – e que a inicia naquilo em que consiste a vida do adulto –, é que cada um de seus pais assumiu suas responsabilidades, inclusive quando há discordância entre suas intenções: por exemplo, quando um quer se divorciar e o outro não. Aquele que quer o divórcio assumiu suas responsabilidades. É na qualidade de adulto responsável que ele não vê outra solução senão o divórcio para a continuação de sua vida em boa saúde.

Do mesmo modo, a criança, a quem não enganamos, sente muito bem se aquele que não quer se divorciar recusa-se a isso por segurança ou por não ver como encontrar uma solução satisfatória para si próprio. A criança sente perfeitamente a verdade naquele que está "vivo", que procura divorciar-se, e no "claudicante", no "obreiro", no "necessitado" que rejeita o divórcio por já não saber o que é amar um adulto do sexo oposto. Na realidade, todo divórcio é uma questão de desejo sem amor, de desejo que se tornou enfadonho, de desejo morto entre dois adultos. Quanto à criança, ela não pode saber o que é o desejo, pois ainda é criança. Ela acredita saber o que é o amor, mas não sabe em que consiste o amor necessariamente ligado ao desejo no adulto, nem o amor dissociado do desejo em pais que continuarão a manter boas relações sociais depois de se haverem divorciado.

Os filhos podem se contentar artificialmente com o que lhes é dito sobre brigas, bebida e os desentendimentos manifestos e conscientes a que assistem; mas é muito mais difícil para eles assistir, depois disso, a diálogos tranquilos entre os pais, a encontros no restaurante, nos cafés ou em outros locais, em reuniões familiares em que os pais parecem, tal como dizem, "gostar um do outro". Portanto, é necessário que haja respostas precisas, com palavras que, ao mesmo tempo, promovam uma iniciação na vida sensata dos adultos e justifiquem, na criança, sua confiança no sentimento da responsabilidade assumida pelos adultos – ainda mais quando são divorciados –, mesmo que ela ainda não possa compreender verdadeiramente essa responsabilidade. Existem atualmente divorciados que voltam a viver juntos depois de quinze anos. Como as crianças, hoje em dia, permitem-se mais conversar entre si sobre o divórcio, elas estão a par de situações similares.

Uma menina de cinco anos a quem o pai anunciara sua intenção de se divorciar e sua partida imediata disse, passados três anos, ter perdido imediatamente todas as suas boas recordações dos momentos que passara com ele, guardando tão somente as lembranças ruins.

Qual é a pergunta?

Os pais nem sempre têm consciência de que, no coração da criança, dá-se um processo dinâmico do qual ela não pode falar naquele momento, mas que trará frutos.

Creio que isso foi reconstruído a posteriori pela menina. O fato de anunciar alguma coisa a alguém e executá-la prontamente, passar imediatamente à ação, é traumatizante para esse alguém, porque os atos, nos seres humanos, são sempre precedidos de projetos. Nesse caso, o pai colocou sua filha bruscamente diante de um fato consumado: o que disse a ela realizou-se imediatamente. Creio que isso foi tão mutilante para ela que, para sofrer menos com a ausência imprevista, preferiu guardar apenas as lembranças ruins do convívio anterior.

Isso me lembra um antigo exemplo, o de uma menina de onze anos, que ainda não tinha menstruado, a quem o pai anunciou que iria deixar sua mulher. Era uma mocinha calma, que já sabia se controlar. Pois bem, quando o pai lhe fez o anúncio, ela soltou um berro de animal ferido e sentiu uma dor pavorosa no ventre. Por ocasião de suas primeiras regras, essa menina fez uma peritonite tuberculosa e ficou estéril. Ela sempre se lembraria, como disse, daquela reviravolta em seu ventre e do grito de dor, pois o grito fora concomitante. O pai acabara de lhe anunciar a separação, e foi essa a dor que a fez gritar. Creio que, se isso transcorreu dessa maneira, foi porque a notícia lhe foi transmitida numa relação dual pai-filha, quando deveria ter-lhe sido dada numa situação triangular, tanto pela mãe quanto pelo pai.

No caso que acabei de evocar, a mãe estava presente, mas foi o pai quem falou.

O importante é que, para a criança, isso não estava previsto, e foi imediatamente acompanhado de um efeito, como em meu exemplo. Há nos dois casos uma semelhança: o anúncio da separação em meio a uma calmaria que, aos olhos da criança, não lhe permitia prevê-la, e seguido de uma execução imediata.

Mas no tocante à menina de cinco anos, é em sua história que ela diz ter mutilado todas as boas lembranças, enquanto, com a outra, foi no corpo que o processo de mutilação da feminilidade se originou, no momento da revelação do divórcio, e prosseguiu em surdina até o momento da puberdade; foi então que esse sofrimento se exprimiu, somaticamente, através da peritonite tuberculosa e da esterilidade permanente.

O importante é que a criança saiba que o divórcio é sempre um mal menor. Como uma operação cirúrgica que retira o que já não está vivo de um corpo que estava engajado num processo mortífero. É justamente esse o caso quando a vida em comum de um casal se torna insuportável para um dos dois, e às vezes para ambos. Esse clima da vida em comum é portador de um sofrimento que o divórcio tem por finalidade fazer cessar.

Alguns pais, depois de explicarem aos filhos que vão se divorciar, surpreendem-se com o fato de, no dia seguinte, estes parecerem ter esquecido tudo; daí concluem que sua explicação não serviu para nada.

É que os pais não disseram: "Levamos muito tempo para tomar a decisão de nos casarmos, e também não é de um dia para o outro que decidimos nos divorciar. Assumimos muitos compromissos ao trazer vocês ao mundo, e agora temos de enxergar com clareza. Não é por estarmos brigando neste momento que as coisas podem se desfazer repentinamente. Não é como quando a gente está brincando e diz: não vou brincar mais. O casamento é uma coisa extremamente séria. Mas isso não quer dizer que vamos retirar o que dissemos: não está funcionando entre sua mãe e eu [seu pai e eu]."

É preciso que as crianças saibam que os pais adiam as coisas até o momento propício e não o fazem por capricho.

No entanto, mesmo quando os pais dizem ter amadurecido sua decisão, algumas crianças afirmam ter esquecido no dia seguinte.

É problema delas. Cabe dizer-lhes: "Você esqueceu porque queria esquecer." Convém sempre deixar às crianças suas fantasias e suas maneiras de reagir; mas isso não é razão para que os pais se coloquem no nível delas. Muitas vezes, a criança reage começando a inventar coisas. Quando ela pensa que "nós vamos para a América", cabe aos pais dizer-lhe: "Você sabe muito bem que nós vamos para a Normandia. Mas conte isso a seus coleguinhas, se lhe dá algum prazer." As crianças têm necessidade de inventar quando algo é difícil demais de assumir. É preciso dizer-lhes a verdade, mas deixando a elas seu próprio modo de reação a essa verdade, quando ela é difícil e as crianças precisam inventar.

Se os pais conversassem entre si e falassem com os filhos sobre seu projeto de separação, de maneira responsável, os filhos poderiam mais facilmente trazer sugestões, pequenas diferenças, modificações: fazer o processo evoluir no que concerne a eles. Nessas condições, o acordo (caso seja um divórcio por petição conjunta) e as propostas (em se tratando de divórcio litigioso) seriam trabalhados com eles, e eles poderiam esperar que a decisão fosse mais bem preparada e, portanto, mais bem aplicada.

De fato.

Você escreveu que a lei não prevê que o juiz possa dizer aos pais, em alguns casos, que seria perigoso para o filho o divórcio naquele momento, e que eles fariam melhor em esperar três ou quatro anos.[9] Será que você quer dizer com isso que há um período particularmente delicado da vida da criança, capaz de levar os pais a adiarem o processo de divórcio?

Eu estava evocando o período da tenra idade, até os quatro anos completos; mas, em determinadas situações, esse período pode se prolongar até a criança estar com onze ou doze anos.

Nessas situações, é preciso que cada um dos pais, ao aceitar o adiamento do divórcio, esteja simbolicamente presente para a criança; que o outro genitor permita ao primeiro estar presente para o filho, ainda que o casal passe a viver, daí por diante, uma associação "socioamistosa" – o que constitui o inverso do desentendimento. De fato, para a criança, a associação socioamistosa de um homem e uma mulher não implica obrigatoriamente que eles durmam juntos e que ambos estejam sempre presentes em casa. Para ela, ainda que um dos pais já não esteja em casa, ele é sempre responsável por sua educação.

Interessar-se por cada um dos filhos e não deixar que seu papel seja desempenhado por outrem é a função simbólica e afetiva do genitor ausente de casa. Prova disso é que, antigamente, muitos filhos cujo pai estava no exército ou nas colônias e que moravam com a mãe tinham uma relação epistolar com o pai. O sentimento de responsabilidade paterna de alguns pais que escreviam uma carta mensal a cada um dos filhos tornava-os, simbolicamente, muito mais presentes para eles do que outros pais, presentes em casa mas sem se interessarem pessoalmente pela educação. Por seu turno, cada filho escrevia pessoalmente ao pai. Este mantinha relações epistolares personalizadas com sua família, a qual sustentava pecuniariamente – o que dava um impacto inteiramente suficiente à função simbólica do pai.

Hoje em dia, existem situações de fato, quer devidas a circunstâncias profissionais (que afastam, por exemplo, o homem ou a mulher de sua casa), quer devidas a arranjos entre dois cônjuges cuja vida sexual e afetiva já não é satisfatória. Essas situações não enfraquecem o vínculo entre o filho e ambos os pais, sob a condição de que impliquem relações personalizadas e regulares da criança com cada um dos genitores, mesmo que não sejam necessariamente cotidianas.

3. A FUNÇÃO POSITIVA DOS DEVERES

Quando não há exercício de autoridade parental conjunta, é o "genitor contínuo"[10] que toma as decisões importantes acerca da escolaridade, da orientação e da saúde da criança, que vive a maior parte do tempo com ele. O filho tem muito menos contatos com o "genitor descontínuo", que detém, segundo a lei, o direito de visita e de supervisão.

Não tenderia a criança a achar que o genitor contínuo recebeu maior consideração do juiz, ou, dito de outra maneira, que é ele quem tem razão, enquanto que o genitor descontínuo estava errado e foi punido?

O juiz deve receber as crianças e explicar-lhes a decisão que tomou. De fato, esta sempre suscita interpretações falsas, tanto nos pais quanto nos filhos. É assim quando se é prejudicado em alguma coisa. O juiz deveria, portanto, explicar as razões pelas quais, dadas as condições materiais e as exigências da lei, ele teve de decidir atribuir a guarda da criança a um dos pais – sobretudo para satisfazer as necessidades do tempo principal, o tempo escolar – e de distribuir os dias de férias a serem passados com cada um dos pais.

Muitas vezes me aconteceu falar com os pais para lhes dizer que aquele que só tem a criança durante as férias vive com ela, na realidade, o período mais importante para sua educação, diversamente do genitor que detém sua guarda durante o ano letivo.

Os dias da semana – ou seja, o tempo principal – são passados pela criança na casa do genitor que dispõe de menos tempo para consagrar realmente a sua educação. Esse genitor é o "feitor", o que cuida do adestramento. É ele que, de manhã, sacode a criança para que se levante, para que vá à escola, almoce às carreiras ao meio-dia e, à noite, às carreiras, a obriga a fazer os deveres. Isso não é educação, é adestramento: é a aprendizagem da submissão à realidade escolar.

O período de férias é mais educativo do que o período escolar, a tal ponto que o genitor com quem a criança mora a maior parte do tempo é o que tem menos influência educacional. Pois bem, esse fato é muito mal compreendido. Falei recentemente perante uma comissão e todo mundo assentiu com a cabeça. Fora do período escolar, o adulto tem tempo para conversar, para fazer coisas com a criança. Não existe, então, nenhuma obrigação de trabalho nem para os pais nem para os filhos. Tudo o que é da ordem da cultura, da relação em profundidade, são os fins de semana e as férias que o permitem: esse é o momento de um verdadeiro contato com os pais, no que há de gratuito na relação entre os seres humanos. Não é verdade, portanto, que o genitor contínuo seja favorecido. Cada uma das duas situações apresenta vantagens.

A gente ouve mulheres divorciadas lamentarem que o ex-cônjuge não dá mostras de inventividade nas brincadeiras, nos passeios durante os fins de semana, e se limitam a levar os filhos a dar voltas pelo supermercado. Elas desejariam uma ajuda educacional, cultural, por parte dos ex-maridos nesses momentos.

O que realmente conta não é o que os pais fazem ou deixam de fazer, e o juiz deveria dizer isso aos filhos: "São vocês que devem se encarregar de sua vida; seus pais existem para prepará-los para ela." Essa é a responsabilidade dos pais; quanto ao juiz, ele decide sobre a atribuição dessa responsabilidade de acordo com um tempo principal e um tempo secundário.

Na nova legislação,[11] mais valeria empregar o termo "responsabilidade parental" do que "autoridade parental". O termo autoridade já não corresponde à realidade da personalidade dos pais de hoje. Os adultos já não têm autoridade, e as crianças percebem perfeitamente as carências de autoridade dos pais. Por outro lado, sabem que os pais são *responsáveis* por elas: o emprego do termo "responsabilidade" permitiria mais facilmente a pais e filhos buscarem a ajuda de alguém. Há casos cada vez mais numerosos em que os pais têm tão pouca autoridade que fazem parte do grupo dos "pais derrotados", que, atualmente, aumenta dia após dia. *Por que* a autoridade dada pelo juiz, quando os pais não a têm?

No curso de seu desenvolvimento, da idade da amamentação até a adolescência, a criança vai se construindo com referenciais. Você insiste, em seus textos, em certos momentos estruturantes que deveriam levar às renúncias necessárias, fundando progressivamente a autonomia da pessoa. Haveria idades em que seria preferível, mesmo persistindo cada caso como um caso particular, confiar preferencialmente a criança à mãe ou ao pai?

Sim. De qualquer modo, para a criança antes dos quatro anos, existe uma dominante: a da necessidade da presença da mãe, quando é ela quem cuida do bebê desde o nascimento, quando é ela a sua mamãe.

Estou pensando no exemplo de um casal que se separou e no qual era o pai quem sempre havia cuidado do bebê. A mãe reivindicou o filho por ser a mãe. Ora, ocorre que "mamãe" era o pai, que vivia dentro de casa,[12] enquanto a mãe ganhava a vida fora. Assim, ela saía de manhã e voltava à noite; não era, em absoluto, a mamãe habitual do bebê. Portanto, é preciso considerar cada caso em sua particularidade.

Quando a criança é criada por uma pessoa assalariada, e não pela mãe, não vemos por que, de modo algum, ela deva ser preferencialmente confiada à mãe do que ao pai, se este passava mais horas com ela quando bebê e se estiver de acordo em que seja a mesma pessoa assalariada quem vai cuidar da criança. Estamos tratando de bebês. Ainda é possível falar em "bebê" enquanto a criança não atinge três ou quatro anos. Em geral, até essa idade, o tempo principal da guarda deveria ser atribuído à "mãe-mamãe". Mas, como já sublinhei, a criança precisa, acima de tudo, do lugar onde viveu até então, que é, para ela, como uma "mamãe", uma espécie de envoltório espacial de sua segurança. Quando o outro cônjuge quer ver a criança, deve visitá-la, em minha opinião, no contexto em que a criança vive habitualmente.

Para a criança a partir de cinco anos – menino ou menina –, seria preferível que a mãe e o pai tivessem, cada qual por seu lado, sua própria vida afetiva e sexual, a fim de que a criança não fosse colocada na situação de se considerar, ao mesmo tempo, filha e cônjuge da mãe ou do pai, o que bloquearia sua dinâmica estrutural. É perigoso que a fantasia de ser cônjuge seja como que confirmada pela realidade.

A situação triangular é sempre preferível para a criança. É melhor, para as crianças de ambos os sexos, que a mãe volte a formar um casal, sobretudo se, por seu lado, o pai viver sozinho. Da mesma forma, é melhor para as crianças de ambos os sexos que o pai tenha uma parceira, mas principalmente para o menino, quando a mãe vive sozinha.[13] No entanto, ainda se costuma, por princípio, deixar os meninos com a mãe, esteja ela sozinha ou não, e isso até os doze, treze ou quatorze anos. Isso instaura no menino prerrogativas de direito sobre a mãe, em especial a prerrogativa – que é generalizada – de fazer grandes afagos no colo ou na cama, afagos que talvez sejam desconhecidos como sexuais (muito embora repitam a sexualidade infantil).

E quando eles crescem, as mães se queixam de que não conseguem "sair-se bem".

Na realidade, é pior do que isso. Eles ficam pervertidos, e a mãe também. Ela já não é una, não é mais uma cidadã. É escrava dos filhos homens e rival das filhas mulheres.

Mas, mesmo que a mãe volte a se casar, é importante que o pai assuma a responsabilidade por seu filho quando este chega aos cinco, sete anos. O filho precisa dele para seu desenvolvimento como homem e futuro pai. Quando o pai renuncia a cuidar dele, obriga-o a se "agarrar" à mãe e ao homem dela, caso esta o tenha; e isso é prejudicial.

Ainda hoje, a opinião pública e os magistrados não concebem que a autoridade parental seja atribuída ao pai antes que a criança esteja suficientemente crescida. Lembro-me do caso recente do menino que, aos doze anos, optou por voltar para o pai e ficar com ele. Transformou-se num caso falado pela imprensa, ecoando as discussões e os comentários.

Essa história fez a França inteira refletir. Ela prova, felizmente, que as novas gerações são mais dinâmicas do que as antigas.

Você poderia agora lembrar as situações em que o pai e a mãe permanecem sozinhos?

Nesses casos, é preferível que o menino, a partir de cinco anos, ou de sete, caso sofra de um retardo afetivo, vá viver com o pai, e a menina com a mãe, mas sob a condição, neste último caso, de que a mãe não se concentre inteiramente na filha, para não lhe dar a imagem de uma mulher vitimada, pois se tornaria um obstáculo à evolução da filha.

Que papel podem desempenhar a família e os amigos?

É importante para a criança saber que sua mãe nunca é alguém social e sexualmente solitário, nem tampouco o pai; que existe ao redor deles, seja um grupo étnico, sejam amigos, seja a família. O papel destes é muito importante. A menina pode ter mais necessidade de ver as mulheres da família do pai que as da família da mãe. A menina certamente precisa de mulheres para continuar a se construir, mesmo que viva sozinha com o genitor masculino. O menino precisa de homens para se construir, mesmo que esteja confiado à guarda da mãe. Será que a mãe se dá suficientemente com os homens para que esse menino chegue a se formar, ou estará ele cercado apenas por mulheres do lado materno? Essa é a questão que se coloca.

Do lado do pai, caso este seja um pouco "carente" em seu papel perante o filho, poderiam outros homens acolher essa criança? Nessa situação, caberia fazer um arranjo entre o juiz e o pai incapaz de assumir seu filho. Se o pai é, por exemplo, doente mental, alcoólatra ou instável, ou se nunca está em casa, cabe chegar a um acordo para que outras pessoas do lado paterno, entre as quais haja modelos masculinos, homens, possam acolher a criança no dia de visita do pai, quando este estiver ausente ou impossibilitado de receber o filho. Se, por exemplo, o pai já não tem mãe e se não tem irmã, é muito importante para sua filha conhecer as pessoas do sexo feminino que o pai estima e aprecia socialmente. É que ela precisa ter modelos apreciados pela mãe, do lado materno, e mulheres apreciadas pelo pai, do lado paterno, sem que estas sejam necessariamente amantes do pai, mas pessoas que sirvam de modelo para seu desenvolvimento.

Você acabou de destacar a importância do meio familiar e social para a criança. Muitas vezes, sobretudo quando o divórcio é desencadeado por uma relação amorosa do ex-cônjuge, o genitor contínuo atravessa um período em que não tem nem o desejo, nem o tempo, nem as possibilidades materiais, talvez, de viver uma vida social.

Sim; por isso é que seria muito importante que as estruturas sociais, as instituições, permitissem às mulheres e aos homens divorciados ter ocupações de seu agrado: praticar esportes, ter lazer. Seria conveniente que a mãe (o pai) pudesse deixar o filho para cuidar de si mesma (de si mesmo). É que, desse modo, mesmo que a vida afetiva do genitor contínuo esteja em fogo brando, a criança é criada, de certa maneira, numa situação triangular: ao lado dela, existem a vida social da mãe (do pai) e o prazer que ela (ele) encontra em certas ocupações.

De qualquer modo, é preferível que haja logo um adulto de cada sexo em casa. Não se desenvolver com um representante de cada sexo em casa produz uma espécie de hemiplegia simbólica na criança. Essa situação pode ser compensada quando há no círculo social uma família de criação amiga: um padrinho, um tio, uma tia, amigos a cujas casas a criança possa ir e dos quais a mãe não tenha ciúme. "Mas o que sua tia tem de melhor do que eu para que ela tenha tanta importância?", dizem certas mães. A criança tem dificuldade em responder: "É que ela tem marido", embora seja exatamente esta a razão pela qual essa mulher é uma referência para ela.

Será preferível, quando há vários irmãos, confiar o conjunto dos filhos ao mesmo genitor ou separá-los?

Cada caso é uma situação particular. Quando eles são pequenos, não se deve separá-los. Quando crescem, nem sempre é certo que precisem viver juntos, pois isso pode favorecer relações muito exclusivas, o que é perigoso na puberdade, sobretudo entre irmão e irmã.

O fato de se confiar majoritariamente a autoridade parental à mãe não favorece na criança a percepção de uma mãe onipotente?

Isso acontece sobretudo com a mãe que não tem mais contatos com a sociedade. Nada é mais terrível para os filhos do que uma mãe que possa dizer-lhes: "Sacrifiquei tudo por vocês", ou seja, uma mãe que tenha vivido como uma falsa viúva ou uma falsa solteirona a pretexto de estar encarregada dos filhos. Vemos as repercussões disso a longo prazo, não apenas nos filhos, porém, mais tarde, na família dos netos: eles têm a sensação de terem sido sádicos. São filhos que acreditam ter "sadicizado" a mãe. E não creio que o ex-marido tenha alguma coisa a ver com isso. É a situação provocada pela sentença do divórcio que produz este fato: uma mãe que tem todos os poderes e todos os deveres, e que vive isso como não tendo nenhuma liberdade. E seria a mesma coisa, qualquer que fosse o homem de quem essa mulher se divorciasse.

É igualmente impressionante ver que, não faz muito tempo, a maioria dos juízes, que eram homens, só confiava a "guarda" dos filhos, por princípio, às mulheres.

Muitos juízes de varas de família, hoje em dia, são mulheres. Li que, com mais facilidade do que os juízes do sexo masculino, elas atribuem a autoridade parental ao pai.

É justamente o que eu lhe disse. Parece que os juízes homens têm atribuído preferencialmente a "guarda" às mulheres. É como se, para os homens, fosse normal se livrarem da educação dos filhos, passando-a às mulheres, e não pudessem assumir a educação de seus filhos caso deixassem a mulher "legítima" com quem os tiveram.

Além disso, no mundo ocidental, inúmeros homens ainda consideram que sua semente dá um filho à mulher e que, depois disso, não são responsáveis por ele.

Anna Freud, Solnit e Goldstein propuseram que, "em caso de conflito de lealdade", o genitor com o direito de guarda "tenha o direito de decidir se é ou não desejável para a criança receber" as visitas do "outro genitor", que "não deve, portanto, dispor de um direito de visita legal e imposto". "O Estado não tem de favorecer nem destruir a relação entre o filho e o outro genitor, relação esta que os adultos em questão já conseguiram danificar consideravelmente. Esse modo de agir deixaria aos pais a responsabilidade pelo que eles pudessem resolver em definitivo por si mesmos."[14]

É espantoso! Porque é um dever absoluto do outro cônjuge visitar seu filho: ninguém pode se contrapor ao dever de um outro.

Isso, diziam eles, era "com o objetivo de proteger a segurança da relação em curso entre a criança e o genitor que detém sua guarda".[15]

Não se protege a segurança da relação privando o filho do conhecimento do outro genitor. Ao contrário, isso constitui a promessa de uma enorme insegurança futura e que já estaria presente desde a instauração de tal medida, visto que isso é uma anulação de uma parte da criança através da qual lhe é indicado, implicitamente, que esse outro é alguém desvalorizado e falho. Essa segurança ao preço da anulação de uma parte da criança, o que quer dizer? É como se se quisesse reunificar a criança dando-lhe um único genitor, uma única pessoa. Isso é uma regressão. Como se o terceiro não fosse mais do que a placenta, e não uma pessoa. Como se o guardião maternalizante – seja ele o homem ou a mulher – bastasse para a criança. Como se, quando a mãe é o guardião maternalizante, o filho não precisasse de pai, já que "pai é algo de que se pode prescindir". Não prescindimos daquilo que é nutricional, certamente. Mas as pessoas que você citou chamam "nutricional" unicamente àquilo que acontece durante o período escolar, embora haja também o tempo da cultura e da educação, igualmente "nutricional" num certo sentido.

Seja como for, o divórcio questiona os referenciais afetivos. E não é dizendo que "Não há problema algum, pois você só vê um único genitor", que ajudamos a criança a assumir as dificuldades, mas sim, ao contrário, dizendo-lhe: "Existe um problema, pois seus pais são separados. Você tem dificuldade em amar ambos os pais, porque acha que um deles é mais infeliz do que o outro, e que foi esse outro que o tornou mais infeliz." É todo esse trabalho que deveria ser feito, não pelo juiz, mas por outras pessoas que pudessem falar com as crianças e escutá-las.

Como eu disse antes, as crianças precisam de um *continuum* de espaço e tempo, do *continuum* afetivo e do *continuum* social.

É frequente o genitor contínuo, quando o filho volta dos fins de semana ou das estadas na casa do genitor descontínuo, procurar saber o que ele fez, o que aconteceu. Você observou, a propósito desse tema: "Quando os pais são separados e o filho está com o pai, ele já não sabe como é ao lado da mãe. E a mãe lhe pergunta: 'O que foi que você fez com seu pai?' Ele não sabe. Está com a mãe, e já não é o mesmo de quando estava com o pai: está em outro lugar e de outra maneira. E, depois, em que é que isso diz respeito a ela? É o pai dele (ou dela, quando se trata de uma menina)."[16]

Haveria uma frequência ótima do "direito de visita"?

Não suporto ouvir essa palavra, "direito" de visita. É um dever de visita que o genitor descontínuo tem de cumprir. Não um direito, em absoluto. Deveriam mudar esses termos.

Utilizei o termo "direito de visita" que está registrado nos julgamentos.

Para que isso surta efeito nos pais e nos filhos, é preciso dizer, todas as vezes, *dever de visita*, em lugar de "direito de visita".

Na maioria das vezes, o genitor que não detém a guarda do filho o vê confiado a si durante dois fins de semana por mês, assim como por metade das férias escolares, mas essa distribuição nada tem de obrigatório. Trata-se de uma prática corrente dos tribunais, mas a frequência pode aumentar: alguns juízes de varas de família concedem, além disso, uma ou duas quartas-feiras por mês.

Você, por sua vez, estimou que dois dias por semana, ou seja, cento e quatro dias por ano, constituiriam o tempo mínimo que a criança deve passar com seu outro genitor.[17] Assim, chegou aproximadamente ao mesmo número total de dias habitualmente atribuído pelos juízes.

No entanto, acontece não ser possível ao genitor descontínuo cumprir o que eu gostaria de fazer reconhecer como o seu "dever de visita", seja devido ao genitor contínuo, seja devido à criança, que manifesta reações psicossomáticas no momento da visita. Então, é o filho que não "permite" ao genitor descontínuo ir vê-lo. Nesse caso, se poderia determinar que o tempo não usado no decorrer do ano fosse acumulado.

Você está pensando numa multa?

Isso mesmo, uma multa de tempo, a ser paga conforme as possibilidades geográficas, o afastamento uns dos outros.

Você poderia esclarecer o que entende por "reações psicossomáticas" da criança por ocasião das visitas?

A emoção de ver o genitor a quem não vê habitualmente pode fazê-la vomitar: é uma reação psicossomática. É uma linguagem, na criança, devolver o conteúdo de seu estômago, inconscientemente associado à "mamãe", para ficar pronta para engolir o "papai", ou seja, um outro que não deve misturar-se nela com o outro genitor. Então, a criança expulsa o que tem em si para que não haja, em seu interior, uma explosão, uma guerra. É claro que se trata de uma linguagem que a criança não pode explicitar verbalmente.

Também são frequentemente citadas as dores de barriga, de cabeça, os surtos de febre ou as dores nos joelhos.

"O inconsciente se estrutura como uma linguagem": há partes de nosso corpo que são expressivas, sem que o saibamos, de uma maneira específica.

Você acha que os médicos acompanhantes, os mais solicitados a fornecer atestados médicos, deveriam conhecer melhor as manifestações desse tipo e poder explicá-las à criança?

Certamente! Para o médico, a oportunidade de ter que fazer um atestado é a melhor ocasião para não fazê-lo e para falar com a criança sobre o que seus sintomas querem dizer. Ou então para mudar completamente o conteúdo do atestado. De fato, o médico pode muito bem escrever: "Atesto que Fulano me disse que fica muito emocionado quando vê seu pai, e que isso lhe esvazia o estômago. É mais forte do que ele. Ele vomita, mas não é, de modo algum, por não amar o pai; é que ele fica perturbado por revê-lo depois de tanto tempo." O fato de ele escrever coisas desse gênero teria um efeito formidável.

Esses sintomas psicossomáticos nunca são um mau sinal. Constituem uma linguagem a ser decifrada e tornada compreensível para a criança cujo corpo está exprimindo o que a fala não consegue dizer.

No entanto, são muito frequentemente interpretados como um sinal de recusa da criança a ver o outro genitor.

A linguagem é sempre positiva; mas a mãe pode achar que, se o filho fica doente, é porque o pai é ruim para ele. Aliás, é provável que, se o filho fosse confiado ao pai, produzisse os mesmos sinais sintomáticos caso só visse a mãe raramente. Esse fenômeno não se deve à pessoa de cada um, mas a uma situação. É verdade que, por vezes, é impossível para uma criança que mora sozinha com a mãe poder "encarar o pai numa boa", já que a maneira como a mãe a faz vivenciar sua relação com o ex-cônjuge perturba inteiramente o trânsito e a vida vegetativa dessa criança. A criança fica perturbada quando a mãe lhe fala do pai como um homem perigoso ou indiferente, pelo fato de que ele parecia não cuidar do filho quando este era pequeno. Ora, está justamente dentro da ordem das coisas que o pai não cuide do filho bebê: não é esse o papel do homem. O fato de ele não cuidar do bebê, de não falar com ele, não significa em absoluto que não o ame. Com muita frequência, o pai tem necessidade de que a mãe aja de maneira a que o bebê se interesse por ele, para poder, por sua vez, interessar-se pelo filho. É quando o filho começa a andar – aos dezoito meses – que os homens normalmente viris começam a cuidar dele. Em geral, os que cuidam dos bebês são, em grande parte, marcados pela feminilidade e, por assim dizer, sentem ciúme de que sejam as mães a engravidar.

Creio que seria muito importante para o futuro dos filhos de pais divorciados ou separados que, em locais neutros, os médicos ajudassem essas crianças a se compreenderem nesse dizer que não é verbalizado, e que é um dizer do corpo.

Por outro lado, a meu ver, os médicos em seus consultórios podem atestar que, *segundo o que diz a mãe*, essas reações psicossomáticas só se produzem na criança quando esta vê o pai; e que é possível compreender, portanto, que através desse distúrbio ela está indicando algo que não sabe dizer. Os médicos podem até sugerir uma acumulação dos dias a serem passados com o pai, em vez de visitas intermitentes, já que a criança sofre por só ver o pai a cada quinze dias.

Creio que os pediatras estão cada vez mais sensíveis a esses tipos de situação. Ao fazerem um atestado, que esclareçam que foi a mãe quem os informou sobre as circunstâncias em que aparecem os distúrbios da criança.

Por isso é que creio nas possibilidades oferecidas pelos hotéis-dia aos filhos que têm de esperar pelo genitor que os vai visitar. Houve uma fundação que estabeleceu uma hotelaria desse tipo em Paris, com salão de jogos e locais para reunião. E havia educadores lá. É em locais assim que a criança poderia esperar pelo pai no dia previsto para a visita. E seria preciso que, nesse dia, a mãe não tivesse o direito de conservar o filho com ela. Que se dissesse às mães que elas não têm de guardar a criança no dia reservado ao pai. Se a criança não quiser ver o pai, que elas a confiem, nesse dia, a um tio, uma tia, um padrinho.

Quantas vezes vi mães arregalarem os olhos à ideia de que castraríamos tanto a elas quanto a seus filhos ao dizer a estes últimos: "Sua mãe não lhes pertence." É que, sob o pretexto de serem divorciadas, seus filhos se haviam transformado em guardiões contínuos da mãe.

Uma mãe a quem vi conscientizar-se desse problema decidiu confiar seu filho, no dia previsto para a visita do pai, a uma amiga. À noite, o filho lhe perguntava, quando ela ia buscá-lo de volta: "O que você fez do seu dia?" E ela lhe respondia: "Você não precisa saber. Tenho a minha liberdade, sou mulher." Essa é uma maneira de proceder que não dá corda à forma de perversão das mães que querem desviar a criança de seus deveres para com o pai.

Infelizmente, tudo isso só está implicitamente contido na lei, que não deixa claro que, no dia de visita do pai, a mãe não deve guardar o filho consigo, quer o pai vá ou não visitá-lo.

A sociedade deve ajudar a mãe a não impedir o pai de cumprir seu dever de visita. Caso contrário, ficando com a mãe, a criança – menina ou menino – acredita ter direitos sobre ela; vai-se descobrindo, pouco a pouco, cada vez mais presa na armadilha de uma vida em companhia de uma falsa irmã de caridade.

Você preconiza, quando a criança corre o risco de reagir através de um dito do corpo, quando fica angustiada ou não quer ir com o outro genitor, que de modo algum o genitor contínuo a mantenha consigo nesse dia.[18]

É muito importante que o genitor que habitualmente a abriga lhe diga, nesse dia: "Hoje não posso ficar com você, já que este é o dia em que você tem a obrigação de se dedicar a seu pai [sua mãe]." De fato, a criança tem o compromisso de se dedicar ao pai ou à mãe, àquele dentre os dois que não a abrigue habitualmente.

Em contrapartida, o genitor contínuo deve respeitar esse tempo e esse espaço, não se fazendo presente para a criança nesse dia – quer a criança se recuse a ver seu outro genitor, quer, ao contrário, seja este a não comparecer. É justamente quando o genitor não vem que é difícil para a criança ficar sozinha em casa. Por isso é que preconizo, notadamente, a existência de um local neutro em cada cidade, uma espécie de "clube infantil". Conforme o número de crianças esperadas, haveria mais ou menos educadores. As crianças ali passariam o dia em que supostamente o genitor descontínuo iria visitá-las, principalmente quando se sabe que ele não vem nunca. Se o genitor contínuo não deve ficar com a criança nesse dia, é para que esta sinta que a lei tem importância e que ela tem de respeitar a lei, mesmo que o genitor descontínuo não cumpra seu dever de visita.

Existem crianças que adoecem por isso, o que é psicossomaticamente verdadeiro. A presença de um médico num desses "locais neutros" poderia ser considerada. Ali, a criança poderia adoecer e compreender sua reação. Se ver o pai ou a mãe a faz vomitar, ela vomitaria ali, e uma pessoa neutra – um enfermeiro ou uma enfermeira – lhe falaria sobre o que significa "virar as tripas pelo avesso" quando se tem que ver o outro genitor.

É muito importante para a criança ser escutada em sua maneira de sofrer e de se exprimir, mas isso não deve constituir um pretexto para que o genitor contínuo se creia obrigado a dar assistência à criança nesse dia. Não se trata de liberar o genitor contínuo, mas, antes, de que a criança seja obrigada a cumprir seu *dever de filho de um casal*. Creio, de fato, que a criança *escolhe* seus pais e tem deveres para com eles, tal como os pais os têm para com ela.

O dever de visita do genitor a seu filho é um dever de responsabilidade. À criança pequena, por seu lado, também se deve dizer que ela *escolheu* esse genitor para vir ao mundo. Trabalho com crianças de menos de três anos em creches públicas. Pois bem, quando lhes dizemos que elas escolheram seus pais, imediatamente vemos seus olhos brilharem ao ouvir isso. Elas se recompõem. Num instante, elas próprias se sentem em seu lugar.

Então, nos pais, o dever de visita apela como que para a sua consciência moral, enquanto o dever de esperar por eles deve ser ensinado à criança, não é?

Sim. A criança pequena deve ser instruída sobre esse dever. É preciso dizer-lhe que ela não tem o direito de fazer mal a si mesma: esse é um dito estruturante para ela. A criança não tem o direito de fazer mal a um genitor a quem ama, porque, ao mesmo tempo, faz mal a si mesma. E basta acrescentar: "Quando você for maior, vai compreender; agora, estou lhe dizendo isso porque é verdade."

Mas será que os próprios pais compreendem que é necessário explicar isso à criança?

Quando lhes recomendamos que digam ao filho: "Quando você crescer, compreenderá; enquanto isso, cabe a mim dizê-lo a você", isso fala aos pais na parte "filho" deles próprios, que se recusava a ouvir. É que os pais se projetam nos filhos: imaginam que, aos três anos, a criança não tem nenhum dever. No entanto, ela tem o dever de não se envenenar, de não se mutilar, deveres que decorrem do tabu anal: não mutilar o outro, e não mutilar o próprio corpo mais do que o de outro. Não temos direitos sobre o próprio corpo, porque ele faz parte de uma relação de amor a três e porque somos para os outros um objeto, mesmo que, por nós mesmos, nos "lixemos" para nosso próprio corpo.

Os animais têm o instinto de conservação. Esse instinto, no ser humano, deriva do tabu de prejudicar propositalmente o corpo, a pretexto de chatear o genitor ou algum outro. Basta pensarmos em Poil de Carotte.* As crianças sentem-se objeto de alguém e dizem a si mesmas: "Ah, é? Pois, só para te chatear, não vou comer." Ou então: "Para te encher o saco, vou me atirar pela janela; vou me suicidar." Quantos adolescentes se suicidam para encher o saco dos pais! É que não foram marcados pela lei de não prejudicar a si mesmo – coisa que a educação já não ensina, em absoluto. Na escola não fazem nada que se pareça com educação. O Sistema Nacional de Ensino nem sequer fornece uma formação sobre os deveres perante si mesmo. Antigamente, os professores primários ensinavam às crianças os deveres de higiene: não comer larvas de vermes roendo as unhas sujas, por exemplo. Isso era ensinado às crianças e, no entanto, não se tinha nenhum conhecimento sobre os micróbios. Já hoje em dia, que sabemos haver micróbios sob

---

* Personagem-título de um romance de Jules Renard, odiado pela mãe. (N.T.)

as unhas, germes de "sujeiras", deixamos as crianças roê-las, não lavar as mãos. É curioso! Vi num país da América Latina – um desses países que dizem não ter nosso nível de civilização – as crianças serem responsáveis pela limpeza de seus sapatos na escola. Na entrada da escola havia graxa e uma escova. Mostrava-se a elas como fazer. Ninguém jamais lhes dizia que cabia aos pais delas engraxar seus calçados. Cabia a elas. Já entre nós, é a mãe que faz isso. Aos seis anos, uma criança pode, ela própria, engraxar seus sapatos; e até mais nova. Uma criança de três ou quatro anos é inteiramente capaz de manter as mãos limpas, os sapatos também, e de se pentear para ir à escola.

A educação, entre os seres humanos, é o que corresponde ao instinto de conservação entre os animais – sendo a educação, por sua vez, sustentada pela fala.

Acaso a criança perde seus referenciais quando o genitor descontínuo não cumpre o que você considera ser seu dever de visita em dias fixos e conhecidos por ela?

Não sei se é necessário que haja datas fixas, mas, de qualquer modo, é preciso que haja datas previamente conhecidas por ela. Que a criança saiba de antemão, e que isso efetivamente aconteça. É exatamente como com as crianças que ficam na creche da Assistência Social durante a infância;[19] os pais dizem que irão no domingo, as crianças se preparam... e eles não vão. Vemos isso com muita frequência. Então, essas crianças se estragam do ponto de vista de sua estrutura; pouco a pouco, tornam-se psicóticas.

Os referenciais no espaço e no tempo são necessários a todas as crianças: esses referenciais são os de um ser humano vivo. As crianças dispõem de referenciais de espaço e tempo que estão associados a relações humanas precisas e a palavras que respeitem seu espaço e seu tempo. Como sempre, quando os pais não vão visitá-las conforme previsto, é preciso explicar-lhes isso em palavras. Tudo o que não é significado em palavras é animal e não humanizado; tudo o que se diz em palavras é humanizado.

Entretanto, o genitor contínuo pode não ter vontade de explicar a ausência do outro genitor, principalmente se ele próprio tiver sofrido, no passado, por vê-lo faltar com a palavra.

De fato, às vezes é difícil. Mas o genitor contínuo, a mãe, por exemplo, pode dizer à criança: "Você estava esperando o papai. Não sei o que aconteceu; ele não veio. Você está sofrendo, talvez esteja com raiva. Seu pai não percebe que as visitas dele são importantes para você. Se você quiser escrever ou mandar um desenho para ele, talvez ele entenda que você precisa vê-lo." Sem dúvida, raros são os pais que são capazes de dizer isso aos filhos.

Será que o desaparecimento completo e precoce do genitor descontínuo – já que, com frequência, a criança é muito apegada a objetos que são específicos de um dos pais e que a noção de tempo nela é inteiramente diferente do que é no adulto – não torna difíceis as relações entre a criança pequena e o genitor descontínuo?

Uma pesquisa recente revelou, por outro lado, que o pai que não cria seus filhos até estes terem pelo menos cinco anos os vê muito menos do que o pai que se divorcia depois de os filhos atingirem esta idade.[20]

Essas situações são normalmente desestruturantes para a criança pequena, porque as etapas de seu desenvolvimento afetivo coincidem com os profundos distúrbios afetivos que atingem a mãe ou o pai, ou ambos, num momento em que estes deveriam ter garantido sua segurança.

Por outro lado, assim como a criança "cria a mãe", com bastante frequência é também ela que suscita a função paterna; como afirmei, certas vezes é preciso tempo para que um pai se torne pai: é preciso que o filho o ame e solicite para que, por sua vez, ele o ame. Quando essa relação é prematuramente interrompida por uma separação ou um divórcio, é possível que o pai não consiga, posteriormente, assumir com facilidade sua função paterna.

O ritmo das visitas é igualmente difícil de manter. A rigor, se as visitas do genitor descontínuo à criança pequena, na casa do genitor contínuo, fossem mais frequentes, poderia resultar daí uma espécie de ambiguidade, como se os pais vivessem juntos, quando de fato isso é falso. E os pais já não têm, para se encontrar, a mesma cumplicidade de quando se amavam.

Outra solução estaria em o genitor descontínuo visitar a criança na creche ou na casa da mãe de criação. Mas também nesse caso a ambiguidade pode surgir, sobretudo quando a mãe de criação é um membro da família.

Existe também o telefone; mas os pais, com frequência, não sabem que o bebê reconhece a voz e a fala.

Mesmo quando bebezinho de alguns dias, a criança "tem o entendimento das palavras".[21] Ela percebe um vínculo entre a voz, as palavras e a pessoa tutelar. Emite sons modulados, sorri ou chora quando levam o fone a seu ouvido.

A partir do momento em que anda, ela tem vontade ou se recusa a atender ao telefone, conforme tenha ou não vontade de ouvir o pai. Também pode tentar telefonar-lhe, como um garotinho de dezoito meses cuja história me vem à mente. O pai viajava regularmente para fazer seu trabalho no interior por alguns dias. Pois bem, certa vez, o menino se levantou no meio da noite e trepou numa cadeira para subir ao móvel onde ficava o telefone. Tirou o fone do gancho e repetiu várias vezes: "Aô, aô, papá."

Isso me faz lembrar uma ligação que recebi em minha casa. Era uma voz muito novinha. Entendi que a menina estava sozinha em casa e um pouco inquieta. Havia apertado sozinha as teclas do telefone e formado meu número. Conversamos até a mãe dela voltar. Esta ficou muito surpresa. Achando que a filha estava dormindo, saiu para fazer compras. A garotinha que me telefonou tinha três anos e meio.

Nos casos de divórcio ou separação, seria conveniente que o genitor contínuo – e portanto, na maioria das vezes, a mãe, quando se trata de crianças de menos de cinco anos – pudesse suportar essas comunicações telefônicas entre o filho e o outro genitor, aliás, qualquer que fosse a idade do filho. Quando a mãe não tolera esses telefonemas, a criança fica em profunda aflição. Por isso conviria à mãe e ao pai se entenderem sobre o valor deles para a criança e sobre sua frequência. A regularidade é mais importante do que a frequência. Se os pais chegam a um acordo quanto a um dia e um horário, a criança pode ser prevenida: "Seu horário ao telefone com seu pai é tal dia e tal hora." Então, é necessário que o pai respeite sua palavra e efetivamente telefone. Caso contrário, a criança fica na expectativa de algo que não vem, e nada é mais terrível para uma criança do que uma promessa que não é cumprida.

Qualquer que seja a idade dos filhos, o correio é também um meio de comunicação. Também nesse caso, isso pressupõe que o genitor contínuo leia a carta ou bilhete do outro genitor e tolere que a criança os prenda, por exemplo, na cabeceira da cama, e que possa responder a eles com um desenho, a partir do momento em que estiver em idade de fazê-lo. Essa é uma forma de permanecer em relação.

Há também objetos transicionais aos quais a criança pode ser muito apegada. Alguns podem ter-lhe sido oferecidos pelo pai. Eles podem facultar-lhe uma tolerância maior à separação.

Em sua prática clínica, quando um filho de pais divorciados ou separados era levado a você para uma psicoterapia, você entrava em contato com o pai, por escrito ou verbalmente, mesmo quando o namorado da mãe acompanhava a criança?

É impossível tratar de uma criança quando ela acha que desconhecemos as vontades daqueles que são responsáveis por sua vida. Se, por exemplo, o pai me dizia: "Para mim, tanto faz que ele faça psicoterapia, o importante é que eu não tenha de pagar nada", o trabalho tinha então de ser feito com a própria criança, mas depois, portanto, de eu ter entrado em contato com seus genitores.

* * *

Qual é a repercussão, na estruturação da criança, do pagamento ou do não pagamento da pensão alimentícia?

Muitas vezes, o genitor que tem o dever de visita não paga, ou paga uma soma irrisória ao outro genitor, seja este o pai ou a mãe. E, não obstante, tem sempre o direito de ver seu filho, mesmo que não pague nada. Há nisso qualquer coisa de muito estranho para a criança, porque ela sabe que esse genitor vem visitá-la, embora seja incapaz de se responsabilizar por ela. Ora, ninguém lhe explica se essa incapacidade de ser responsável é voluntária ou não.

Tampouco lhe explicam que essa incapacidade não está forçosamente ligada à falta de interesse que esse genitor – geralmente, o pai – tem por sua evolução: porque esse genitor pode sofrer por não ser capaz de pagar a pensão alimentícia: por exemplo, quando se trata de um desempregado. Aliás, seria desejável que o genitor que não quer pagar, ou que toma providências para não pagar, não pudesse ver o filho como bem entendesse e em qualquer lugar, mas que o visse num contexto específico em que não tivesse de gastar dinheiro: por exemplo, num lugar previsto em cada cidade para encontros entre pais e filhos, nos casos litigiosos. Não é indiferente para o filho que seu pai não pague uma pensão para ele. Por isso é que, a meu ver, é num "lugar neutro", e não num local de sua escolha, que o pai que não paga por seu filho deve vê-lo. Veja os homens que não têm sua própria casa, que moram na casa de outra mulher ou na de um amigo: que é que eles fazem? Veem os filhos nos cafés, em vez de encontrá-los num local em que haja oportunidade de conversar – em que haja jogos, televisão –, onde algo lhes permita ter um contato que não seja desmobilizador para o exemplo de responsabilidade que um pai deve dar a seu filho.

É por isso que atribuo muita importância à ideia desses locais neutros, que, em minha opinião, teriam realmente uma função preventiva dos distúrbios consecutivos ao divórcio nos filhos. Conviria que eles fossem criados nas cidades do país. Locais para os filhos cujas mães dizem: "Ele não pode ver o pai, isso o deixa doente."

Por outro lado, como é muito menos doloroso para a criança ver a pessoa que não detém sua guarda durante todo um período seguido, e não episodicamente (apenas uma vez a cada quinze dias), creio, como já disse, que seria necessário considerar a acumulação desses dias de visita num período contínuo, a ser passado com o genitor com quem a criança não mora; então, por exemplo, que a criança more com ele por dois meses seguidos, para recuperar o tempo em que não o viu durante o ano. Isso é sem dúvida muito menos traumatizante para a criança do que ver uma pessoa de quem gosta apenas uma vez de tempos em tempos. Não será verdade, talvez, que ver um dos pais por apenas vinte e quatro horas adoece a criança? Ela se priva, e isso a faz vomitar.

E por que, ao contrário, não haveria ela de passar um período contínuo de tempo com esse genitor? Um terço do tempo, já que, afinal de contas, a criança situa-se como um terceiro no desejo de nascer, e cada um de seus pais é um terceiro no desejo quando da concepção.

No que concerne à responsabilidade do pai, aqueles que não podem pagar a pensão alimentícia e que, mesmo assim, gastam dinheiro no dia de visita, não são exemplos para o desenvolvimento de um filho; não são modelos do tornar-se adulto. Comportam-se, também eles, como crianças que dispõem de alguns trocados para se divertir com seus filhos. Não são adultos responsáveis.

Vi surgir uma brigalhada em famílias em que o pai não podia ou dava um jeito de não poder dar dinheiro; ele ficava preso à necessidade de ver os filhos, sem ser capaz, no entanto, de ganhar dinheiro para eles. Isso é algo que perturba, no futuro, o sentimento de responsabilidade da criança, obrigada, durante o crescimento, a sentir pena daquele pobre homem e a se sentir culpada por ter-lhe dado, ao nascer, o encargo de sua vida. E, no entanto, essa compaixão é o sentimento mais sadio: porque, se não sentir pena dele, se desenvolverá na criança uma admiração por aqueles que vivem à custa dos outros. De qualquer modo, esse é um problema difícil para os filhos. Muitas vezes ouvi pessoas qualificadas afirmarem que o genitor que não podia pagar tinha tanto "direito" de ver seus filhos quanto aquele que pagava, e que se tratava de um "direito que lhe fora concedido". Eu ficava me perguntando o que poderia sentir um filho ao ouvir um dos pais dizer-lhe, referindo-se ao outro: "Mas ele(a) nem sequer é capaz de me ajudar a criar você, pagando a metade das despesas que são necessárias a sua manutenção e sua educação, até o momento de você próprio ganhar sua vida."

Quando, como acontece com bastante frequência, o pai (a mãe) não sofre por não dar coisa alguma à criança, ou tira o corpo fora para supostamente não ter dinheiro e não dá-lo, embora disponha dele, desenvolve-se na criança um menosprezo pelo sentimento de responsabilidade.

Devemos criar, educar nossos filhos com o sentimento de sua responsabilidade, que é inteiramente diferente do sentimento de culpa. É, antes, até mesmo o contrário: quanto menos existe o sentimento de culpa, mais existe o da responsabilidade entre os seres humanos.

Alguma coisa fica falseada quando, por exemplo, um pai que não é capaz de dar o dinheiro necessário para educar seu filho agarra-se, no entanto, ao desejo de vê-lo, seja por uma necessidade quase maternal, seja em nome do pretenso "exercício de sua autoridade", embora não testemunhe nenhum desejo de homem responsável, nenhum desejo que tenha valor de exemplo para um jovem em processo de desenvolvimento.

Vi no hospital crianças levadas pela mãe que tinham realmente necessidade de uma ajuda psicológica para atravessar os momentos difíceis. Eu sempre pedia para ver o pai. Quando chegava a encontrá-lo, tratava-se, muitas vezes, de um homem que declarava: "Desde que eu não tenha de pagar nada, tudo o que a mãe fizer por ele me é indiferente." "O senhor percebe que ele está numa situação ruim?" "Não estou vendo nada, em absoluto. A gente não precisa se sair bem nos estudos para fazer alguma coisa na vida", respondia ele, por exemplo. Era, portanto, alguém que já estava no caminho do abandono de si mesmo e que, sem ter consciência disso, queria arrastar o filho para um suicídio lento em relação à sociedade. Era disso que a criança realmente sofria; e, até aquele momento, não se tinha podido percebê-lo. Somente no consultório do psicanalista é que se evidenciava nitidamente que o futuro do filho era indiferente para o pai. Naturalmente, tratava-se de um homem de quem o próprio pai não cuidara, tendo feito ainda pior: desprezava realmente a semente de vida dada à mulher que criara esse filho, por sua vez transformado em pai. Este último, que em outras circunstâncias poderia ter se portado de maneira diversa, repetia em sua vida o que seu pai havia feito: um traço típico das "neuroses familiares"[22].

O comportamento de um homem é exemplar para seu filho até a puberdade; mas, nessa idade, muitos seres humanos ainda se identificam a tal ponto com os pais, ou com um deles, que se sentem culpados de julgá-los, embora seja seu dever compreender as grandes deficiências físicas e morais dos genitores, sem mais se identificar com eles – coisa que a criança pequena não é capaz de fazer.

O pai (a mãe) julgado(a) e condenado(a) por "abandono da família" perde o exercício de seu "dever de visita" até que tenha recomeçado a assumir suas obrigações alimentícias durante seis meses.

Em vez de dizer "incapacidade de pagar", dizem "abandono da família", embora não se trate necessariamente de abandono moral, e sim de abandono material, de irresponsabilidade material.

Ou de impossibilidade material...

...que torna irresponsável. Mas essa irresponsabilidade não é uma falha, de fato; reconhecê-la não é proferir um julgamento pejorativo. Essa incapacidade se converte em irresponsabilidade quando não é nomeada. Ao contrário, quando ela é nomeada – "Ele(a) está atualmente impossibilitado(a) de ser responsável, mas gostaria muito de voltar a sê-lo" –, é porque não se está lidando com alguém que declare: "Não tenho nada a ver com esse filho. Não quero criá-lo. Para mim, é completamente indiferente em que ele vai se tornar." Existem, de fato, pais e mães assim, e mais vale que possam dizê-lo francamente. No consultório do psicanalista, eles falam com franqueza. Não o fazem em outros lugares, o que é prejudicial para seus filhos.

Há pais que vão presos, seja por "abandono da família", seja por "não entrega" da criança. Você acha desejável, nesse caso, que a criança vá visitar o pai ou a mãe na prisão?

O filho pode perfeitamente conservar a estima por um genitor indo visitá-lo na prisão, sob a condição de que lhe expliquem que ele caiu nas malhas da lei por não tê-la observado, embora a conhecesse; ou então, que ele não a conhecia, porque seu próprio pai (ou sua própria mãe) não lhe deu uma criação verdadeira, quaisquer que tenham sido as razões disso: é possível, por exemplo, que o pai dele não tenha tido pai ou mãe conhecidos, ou que os pais desse pai tenham sido mortos, ou, ainda, que um acontecimento real tenha pesado na estruturação desse genitor, o que não impede que ele seja um pai que ama o filho e a quem este também ama. Portanto, sob a condição de que expliquem ao filho que ele pode visitar esse genitor na prisão, de onde ele sairá um dia.

Qualquer que seja o ato cometido na realidade por um adulto que é responsável por um filho – seja ele seu pai ou sua mãe –, esse filho tem em si uma reserva preciosa de perdão, desde que lhe sejam dados meios para admirar seu genitor, não no erro deste, mas no ser que sofre dentro dele. Com muita frequência, inclusive, não há erro algum, sendo o ato uma resultante de circunstâncias, e não de uma vontade deliberada. De qualquer maneira, ninguém pode jamais ser identificado com o ato que praticou, quer se trate de um ato valoroso ou de um ato delinquente.

* * *

Como pode um filho, bebê ou adolescente, reagir à guarda alternada que o confia igualmente a cada um dos pais, três dias com um, três dias com o outro, um mês com um, um mês com o outro, ou até mesmo um ano?

Participei recentemente de uma reunião onde se encontrava um médico inicialmente partidário da guarda alternada. Pois bem, o que dissemos, eu a respeito das crianças pequenas e ele sobre as maiores, ficou inteiramente de acordo. Ele, que a princípio militava pela guarda alternada, tornou-se um militante contra a guarda alternada. Agora é favorável à supressão total dessa guarda alternada, pelo menos até os doze anos, tantos foram os incidentes graves e as tentativas de suicídio a que assistiu. Aliás, foi por essas razões que a sra. Pelletier constituiu a Comissão da Guarda de Filhos de Divorciados: o aumento do número de tentativas de suicídio em crianças a partir dos sete anos foi a grande motivação desse trabalho.

Quais são os inconvenientes da guarda alternada para os filhos?

Quando pequena, a criança não consegue suportar a guarda alternada sem ficar solta em sua estrutura, até eventualmente dissociar-se, conforme a sensibilidade de cada um.

A reação mais comum é o desenvolvimento da passividade no caráter da criança. Ela perde o gosto pela iniciativa, tanto do ponto de vista escolar quanto do ponto de vista das brincadeiras, e entra em estados de devaneio que não levam à criatividade – porque existem devaneios fecundos, mas aqui não se trata de um deles.

Até os doze ou treze anos, portanto, a guarda alternada é muito prejudicial para as crianças. Que elas possam ir à casa do outro genitor com a frequência que bem desejarem, quando isso for possível, concordo, mas que não tenham que mudar de escola em decorrência de uma regulamentação de guarda alternada. O social tem uma importância enorme para o desenvolvimento da criança. Por isso é que a guarda alternada é prejudicial: por exemplo, quando a criança tem duas escolas, uma quando mora com a mãe e outra quando está na casa do pai. Isso é muito ruim, porque, nesse caso, não há nem *continuum* afetivo, nem *continuum* espacial, nem *continuum* social. Cheguei até a ver casos em que a criança passava metade da semana no norte de Paris, e a outra metade no sul de Paris: era assim que os pais dividiam entre si, durante a semana, seu "filho-joguete". Na reunião de que falei anteriormente, todos os participantes conheciam exemplos próximos desses dramas produzidos pela guarda alternada; e, na maioria dos casos, com crianças de onze ou doze anos. As guardas alternadas são proibidas hoje em dia;[23] o que se concede são guardas conjuntas.

Há quem ache que o efeito da guarda alternada é diferente para as crianças de doze ou treze anos, principalmente quando se trata de uma alternância de um ano.

O efeito pode ser diferente do que é com crianças de oito ou nove anos; mas, mesmo assim, todas as relações são "largadas de mão" quando se passa um ano na Espanha, e depois um ano na Inglaterra, vivendo primeiro com um, e depois com o outro.

Além disso, os pais que se separam podem ter princípios educacionais muito diferentes.

Para um jovem de doze ou treze anos, isso traz muito menos problemas. Essa é a idade em que cada um deveria poder encarregar-se de si mesmo e assumir os pais, dar-lhes a indulgência. Em alguns casos, uma criança de oito ou nove anos pode ter maturidade suficiente. Cada situação tem de ser apreciada e não podemos generalizar. Nessa reunião, afirmei que, em muitos casos, não víamos por que o juiz devesse "se intrometer", pois isso não modificava nada e os pais brigavam ainda mais, só que, desta vez, com o aval da lei entre eles, o que era ainda pior para os filhos.

A função positiva dos deveres 65

Quando a lei decide algo que prejudica a criança, isso é ainda mais terrível para ela, por acontecer através da lei. Uma vez que a sentença é proferida por um juiz, os dias em que ela vê o pai e a mãe passam a ser fixos, e isso é extremamente prejudicial, porque as afinidades, o desejo de se ver entre pais e filhos, não podem obedecer a dias fixados dessa maneira. Quando eles moram longe uns dos outros, em cidades diferentes, a criança compreende muito bem essa medida; mas, quando moram na mesma cidade, as relações de afetividade ficam desumanizadas ao serem regidas pelos dias da semana, e não pelas afinidades entre uns e outros. Considero que todas as regulamentações são ruins para o que há de vivo e de afetivo entre pais e filhos. Aliás, nessa mesma reunião, propus que, em numerosos casos, os juízes dissessem: "Não me cabe decidir quanto a seus filhos. Quando eles forem maiores, os senhores farão o que puderem."

Refletindo agora sobre isso, digo a mim mesma que é totalmente inútil propor aos pais que "Façam o que puderem", já que, de qualquer maneira, eles farão o que puderem suportar fazer, levando-se em conta os contatos que tiveram para ventilar seus diversos afetos contraditórios.

4. A RELAÇÃO COM OS NOVOS PARCEIROS DOS PAIS

Para que o filho continue a se construir quando um dos pais divorciados vive com outra pessoa, é necessário que o novo parceiro seja sentido pela criança como agradável?

A situação varia conforme cada criança e conforme o parceiro. Que a criança o sinta como agradável ou desagradável não tem importância para o inconsciente. Para o inconsciente da criança, o necessário é que haja um adulto que a impeça de ter uma intimidade total com seu genitor. Esse novo parceiro lhe permite viver o Édipo, caso não o tenha vivido entre seus dois genitores, separados cedo demais, ou reviver uma nova variação dele, com seus conhecidos conflitos afetivos de um amor-ódio que concerne, contraditória e diferentemente, esses dois adultos, ao mesmo tempo modelos e rivais para ela.[24]

Quais são os principais obstáculos na relação do padrasto ou da madrasta com a criança?

A meu ver, os obstáculos não se acham do lado da criança; as dificuldades podem provir da mãe da criança – enciumada, por exemplo, da fecundidade do segundo casamento do ex-marido e da afeição de seu filho pela rival vencedora. Isso pode acontecer mesmo quando a mãe se casa de novo e volta a ter filhos.

Estou me lembrando de um caso que me parece ilustrar bem o que você acaba de dizer. Trata-se de um menininho de quatro anos cujos pais se separaram, permanecendo, aparentemente, em excelentes termos. Ele morava com a mãe. O pai voltou a se casar. Por ocasião do nascimento do primeiro filho desse novo casal, a mãe desse garotinho, bruscamente e sem nenhuma explicação, passou a se recusar a confiá-lo ao pai nos fins de semana. O menino passou então a sofrer, simultaneamente, de otites de repetição[25] e de uma espécie de fraqueza das pernas, como se tivesse perdido o apoio.

Outro obstáculo pode provir da mudança de atitude do pai da criança quando ele se torna pai de um filho de sua nova mulher. O filho do primeiro casamento pode recordar-lhe algo da atmosfera dolorosa dos anos que o obrigaram ao rompimento. Em contrapartida, ele próprio passa a ser repentinamente sentido pela criança como muito exigente – muitas vezes, com razão.

As dificuldades não provêm da própria criança nessas situações. Ela pode ser ajudada a superá-las quando conhece pessoas com orientação psicológica suficiente para fazê-las compreender as dificuldades que o novo nascimento (de um meio-irmão ou uma meio-irmã) provoca em ambos os pais.

Quando, sem voltar a casar, o pai ou a mãe retomam uma vida conjugal com um novo parceiro, quais podem ser os efeitos da presença deste último na criança?

Trata-se de uma situação triangular que não foi legalizada. De qualquer modo, a criança precisa que vários adultos de sexos diferentes cuidem dela, a partir dos dois anos e meio, três anos. Mesmo quando bebezinho, ela fica feliz por ver várias imagens de homens e várias imagens de mulheres.

Mais vale a criança dizer "Eu tenho três papais" do que "Mamãe vive sozinha, eu não tenho pai". Desde que ela saiba, por si mesma, que tem um pai, que talvez não o conheça e que ele é único, é preciso dar-lhe a liberdade de fala para dizer: "Tenho três pais." Isso é uma autodefesa em relação à curiosidade dos coleguinhas. Seja como for, a mãe deve dizer-lhe: "Você tem pai como todo mundo, mesmo que não o conheça". Mas chamar três pessoas de "papai" é melhor do que não ter nem "papai" nem pai de nascimento, conhecido ou desconhecido. O papai não é necessariamente o pai genitor, o pai legal ou adotivo. Também é possível ter várias mamães, mas nunca se tem mais do que uma mãe de nascimento, conhecida ou desconhecida.[26]

Você acabou de dizer que o papai não é necessariamente o pai natural, legal ou adotivo. Isso me lembra uma história relatada pela imprensa.[27] Uma menina chamava o novo parceiro da mãe de "papai". O pai esperou que ela chegasse aos sete anos para lhe explicar que o pai era ele e que, portanto, ela deveria chamá-lo de "papai". Mal voltou para a casa da mãe, e na presença do pai, ela chamou o companheiro da mãe de "meu papai querido". Foi a última vez em que reviu o pai, que nunca mais voltou.

Ela chamava o companheiro da mãe de "papai": e por que não? Como é frágil o pai que julga que a lei é feita por sua filha e conclui que ela lhe está retirando o direito de ser seu pai, quando ela só falou em papai! Isso prova que o que a filha disse é sua verdade: esse pai não se portou como um pai.

* * *

"Eu e minha irmã não queremos que você se case de novo", dizem alguns filhos à mãe.

E esta só pode responder: "Não vou me casar para agradar vocês ou para aborrecê-los. Vou me casar porque isso me é necessário. Amo alguém e quero estabelecer minha vida com ele. É muito desagradável que vocês não concordem com isso, mas não são obrigados a viver conosco."

Quando a mãe obedece aos filhos, quais podem ser as consequências disso?

Os filhos que falam assim frequentemente continuam a ser bebês por muito tempo, porque a mãe lhes obedece como se eles fossem os porta-vozes de uma lei infantil que talvez esteja no coração de cada mulher: amar um único homem (crença esta que talvez provenha do fato de cada um de nós ter somente um pai e uma mãe, embora possamos ter muitos papais e mamães). No primeiro exemplo, foi a filha que representou a lei para o pai; neste, é a filha que representa a lei para a mãe.

O terrível para estas crianças é que, muitas vezes, passados alguns anos, a mãe lhes diz: "Foi por vocês que me sacrifiquei e que não voltei a me casar." A vida delas fica congelada como que por uma embolia devida à culpa: a circulação dos afetos, a corrente libidinal fica impedida. Elas ficam, de fato, encarregadas da mãe pelo resto da vida, mesmo que cheguem a evoluir e a se casar.

Inversamente, algumas crianças pedem à mãe ou ao pai que se casem de novo: "Por que você não se casa com meu professor?", perguntou um menino de seis anos à mãe. Uma menina de quatro anos e meio cuja mãe saíra de casa disse à professora: "Você vem passar o fim de semana com papai?"

Trata-se de crianças que gostariam de ser libertas da violência de suas pulsões incestuosas perante o genitor com quem vivem, e isso porque esse genitor parece não precisar de adultos e se fechar em torno da criança; com mais frequência, é porque o adulto voltou a morar com seu próprio pai ou sua própria mãe – na casa da avó paterna, quando se trata do pai, ou na da avó materna, no caso da mãe. Essa regressão do pai ou da mãe ao estado infantil, aos olhos dos filhos, bloqueia a evolução destes.[28]

Há casos em que o genitor contínuo tem uma ligação amorosa fora de casa e não diz isso ao filho. É pena, porque, para poder se desenvolver, a criança precisa de palavras que lhe assegurem, justamente, que o adulto de fato tem uma relação privilegiada com outro adulto.

Existem mães que outorgam um grande dever de visita ao ex-cônjuge para receber o amante na ausência dos filhos.

Isso é ótimo, mas elas nem sempre o dizem aos filhos. A palavra a dizer-lhes é "namorado". A mãe pode ter muitos "namorados"; quanto à criança, ela precisa de uma palavra. A mãe deve explicar-lhe o que essa palavra significa: "Talvez venhamos a nos casar. Nesse meio-tempo, não sei. Nós nos amamos, eu e um homem [ou "eu e uma mulher", quando é o pai que fala numa "namorada"]. Caso isso se torne uma coisa séria, você o conhecerá." As crianças precisam dispor dos termos clássicos. Para a criança, "namorado" é diferente de "companheiro", significando uma perspectiva de casamento. "Companheiro", para ela, é "colega", termo que não integra a dimensão sexual, embora isso seja o inverso para o adulto. Quando uma mulher diz: "Tenho um companheiro", as pessoas acham que se trata de um amante.

Voltando à criança que pede à mãe para se casar com o professor, existem mães que se casam com o "inspetor" do filho justamente por causa desse pedido. "Já que ele gosta dele", dizem, "por que não?" Isso é uma coisa estúpida!

É conveniente o padrasto (a madrasta) lembrar à criança que ele(a) não é seu pai (sua mãe)?

É preciso levar em conta o contexto em que a criança viveu com os pais, principalmente quando estes continuam a ter dificuldades acentuadas de relacionamento. Em alguns casos, talvez seja necessário que o padrasto (a madrasta) diga: "De minha parte, não tenho nada contra seu pai (sua mãe)"; e: "Não lhe quero nenhum mal por ser filho(a) dele(a), nem por se parecer com ele(a)." Sempre podemos dizer à criança: "Você só tem um pai, o que a concebeu, mas quero muito ser seu papai", ou "Você só tem uma mãe, a que a concebeu, mas quero muito ser sua mamãe".

As situações difíceis com o padrasto ou a madrasta provêm, com muita frequência, do genitor com quem a criança mora: na maioria das vezes, a mãe, e ocasionalmente o pai. Diríamos que o genitor com quem o filho mora não aceita bem os direitos que seu novo cônjuge se arroga, de ter um papel educacional perante o filho do primeiro casamento. Essa ambivalência é sentida pela criança. Quando esta rejeita um enunciado cerceador da liberdade por parte do padrasto, ou palavras críticas vindas da madrasta, ela sente que seu genitor marcou um ponto. Quando o genitor de nascimento não é ambivalente e, por exemplo, sai do aposento para deixar seu novo cônjuge tranquilo com a criança, as coisas se arranjam muito depressa. Da mesma forma, quando a criança se queixa ao pai: "É, eu sei muito bem que ela não suporta me ver", ou então à mãe: "Seu marido não suporta me ver", o genitor de nascimento pode responder: "Se você pretende criar caso, não vou poder conservá-lo comigo, você vai embora." "É, mas meu pai (minha mãe) não quer ficar comigo." "Não existem só o pai ou a mãe, há outras soluções fora disso." E então percebemos que essas tensões são uma tentativa de regredir para uma relação em que a criança tenta, mais uma vez, dominar o genitor consanguíneo com quem mora.

A situação da criança perante o novo cônjuge pode não estar clara, pode não lhe ter sido articulada logicamente e com afeição pelo genitor contínuo. Produz-se na criança uma espécie de hesitação quando o pai não lhe diz, por exemplo, ao falar de sua nova mulher: "Ela é sua madrasta, foi ela que assumiu a responsabilidade de criar você. Desde o momento que você está em minha casa, considero que sua madrasta tem alguma coisa a dizer, já que ela está na casa dela." A madrasta torna-se digna de crédito para a criança porque o pai lhe dá seu apoio simbólico. Vemos o tempo todo mães que dizem ao novo cônjuge: "Ele não é seu filho, deixe-o em paz." O padrasto não é digno de crédito, porque a mãe não o torna digno de crédito.

Mas há casos em que a criança, talvez justificadamente, tem dificuldade em tolerar o novo parceiro, a quem sente como lhe sendo hostil.

Se ela está consciente dessa hostilidade e é capaz de dizê-la, convém que a mãe, quando é dela que se trata, lhe diga: "Você está muito infeliz desde que passei a viver com o Fulano. Talvez possa conversar com seu pai sobre isso. Se quiser morar com ele, você será obrigado a deixar sua escola e seus amiguinhos. Se ele aceitar, e se a nova mulher dele aceitar, teremos que fazer um pedido de modificação ao juiz da vara de família. Se seu pai se recusar e caso as coisas não melhorem para você, vamos tratar de nos esforçar para lhe arranjar um bom colégio interno." Caso a mãe não tenha coragem de falar com o filho, uma outra pessoa poderá fazê-lo: por exemplo, o médico da família.

Algumas mulheres têm relações amorosas exclusivamente com outras mulheres, e às vezes regularmente com a mesma; da mesma forma, certos homens só têm relações amorosas com outros homens ou com um só. Quais podem ser as repercussões dessa situação na criança?

As crianças sabem que um casal de mulheres ou um casal de homens não pode gerar filhos. Portanto, trata-se de uma escolha, e é preciso que fique claro que se trata de uma escolha da mãe ou do pai, conforme o caso; que a mãe ou o pai lhe diga isso e não se furte de fazê-lo, para que a criança tenha uma explicação lógica.

Hoje em dia, não é necessário ser homossexual para não ter filhos. Basta tomar a pílula.

De fato. Mas as mulheres que tomam a pílula correm o risco de se afigurar a seus filhos como dotadas de um poder mutilador ou destrutivo, caso o sentido das medidas anticoncepcionais não lhes seja claramente explicado.[29]

Quando elas dizem "Não quero correr o risco de ter outros filhos, e é por isso que tomo a pílula", já é diferente.

Com toda a certeza, o fato de ser criada por um adulto homossexual parece regressivo aos olhos da criança, comparado ao que esse adulto era antes, já que teve esse filho.

A multiplicação das separações legais, dos recasamentos sucessivos e das consequentes mudanças de parceiros permite aos filhos, no dizer de alguns, viver onde lhes apraz e escolher, fora das limitações tradicionais, os "pais", os "irmãos" e as "irmãs" que lhes agradam.

Não concordo em falar em escolhas: trata-se de critérios conscientes de concordância ou discordância. Quando os pais se separam, as dificuldades encontradas pela criança em seu desenvolvimento são de ordem inconsciente; os efeitos não são vistos em termos imediatos, porém anos depois. Essa é a dinâmica do inconsciente.

5. A RELAÇÃO COM AS DUAS LINHAGENS OU MESMO COM AS DUAS ETNIAS

Você tem destacado, frequentemente, que é importante que a criança mantenha relações pessoais com as famílias de suas duas linhagens parentais.

A criança precisa saber que pertence às famílias de suas duas linhagens parentais. Os pais só têm valor quando representam as duas linhagens genéticas, e por vezes étnicas, ou, na falta de antepassados, quando são estimados por seus amigos sociais, ou por seus diferentes grupos étnicos, quando é este o caso. As duas linhagens, os grupos étnicos e os grupos de amigos sociais integram a criança e os pais em sua história, sua língua e sua cultura.

Quando a criança pertence a duas etnias diferentes, ela está tão ligada a essas duas etnias quanto os pais. E, pelo fato de viver com os pais longe de uma de suas duas etnias, aquela em que não vive surge como descentrada em relação aos valores da sociedade em que a criança se encontra. Ora, é preciso respeitar as potencialidades do desenvolvimento das duas etnias que esse ser humano escolheu para encarnar. É preciso levar em conta o que se encarnou do encontro de pais vindos de culturas muito distantes entre si. A miscigenação é uma riqueza imensa, sob a condição de que seja aceita e cultivada; é preciso apoiar a criança mestiça em suas potencialidades, em vez de torná-la hemiplégica, só aceitando e só desenvolvendo nela um único lado de sua genealogia.

Existem famílias de imigrantes que falam sua língua de origem em casa e outras em que um dos pais foi educado na língua e na cultura do país em que vivem.

Quando, em casa, a criança só ouve uma língua estrangeira, e na escola é instruída na língua local, o que fica faltando é a inserção na história, na língua e na cultura dos pais. Isso é totalmente prejudicial, pois ela seria capaz de se encarregar da riqueza da língua local, se tivesse a possibilidade de aprender a riqueza de sua língua de origem, com seu folclore, antes de aprender as regras da gramática da nova língua. Algumas escolas remediaram essa falha, mas ainda não são suficientemente numerosas.

Quanto às crianças provenientes de casamentos "mistos", e que pertencem, portanto, a duas etnias – às vezes muito diferentes –, os modos de ser e os meios de expressão podem ser valorizados por pessoas pertencentes à etnia afastada. Estas continuariam a lhes manter presente, através das palavras, o *continuum* social que elas vivem, seja com um dos pais (e portanto numa linhagem simultaneamente étnica e genética), seja com o grupo étnico e os amigos sociais. Ao mesmo tempo, essas crianças viveriam um outro *continuum* socioétnico com o outro genitor e na escola local. Algumas etnias não têm história escrita, mas suas tradições folclóricas, sua arte e sua música são meios culturais de grande valor para o futuro de uma criança.

Quem se relaciona com uma criança proveniente de duas etnias não deve esquecer, de qualquer modo, que ela vive cotidianamente, em sua vida imaginária e simbólica, em sua intimidade inconsciente, uma experiência que nem sequer é *falada*, já que o que ela sente não pode ser dito na cultura do país em que vive. Ora, como sempre, o que não é "verdadeiramente falado" não é humanizado.

Em minha opinião, à parte qualquer consideração a respeito do divórcio e de seus efeitos, o ser humano aprecia o valor de sua humanização, que se realiza com meios culturais muito diferentes para cada um, quando sente que esses meios são reconhecidos como tão válidos quanto os outros no local em que ele vive. Mas é verdade que, quando certos modos de ser e certas expressões culturais são muito diferentes entre si, eles são menos facilmente reconhecidos como meios de intercâmbio social no tempo e no espaço atuais em que esse ser humano vive.

Há casos em que as duas linhagens parentais, por razões étnicas ou sociais, são francamente hostis.

Quando o são – e vemos bem isso nas situações em que os filhos ficam presos num país estrangeiro –, esse é um drama que só podemos remediar falando dele. Creio que é muito importante que se fale disso nos jornais, que as crianças ouçam falar do assunto na televisão. Esse drama, muitas vezes, é insolúvel para a criança, pelo menos até sua maioridade. Por isso é conveniente que ela saiba, pelo menos, que se trata de um problema que todo mundo conhece e compreende, um problema do qual se fala, e que seu sofrimento e o de seus pais são reconhecidos.

O amor apaixonado entre um homem e uma mulher de etnias diferentes pode às vezes tornar seu desentendimento ainda mais intolerável; aquilo que constituía atração e descoberta pode se transformar em desconhecimento, provocando uma espécie de aversão e despertando um "já ouvido", um "predito", um "preconcebido" que levam então a uma separação talvez muito conflitiva.

Essa questão se abre para a problemática da culpa secundária, a de ter cedido à paixão amorosa que alguém profetizou que seria fonte de infelicidades futuras para os jovens enamorados que transgrediram as proibições de sua própria linhagem e de sua própria etnia. Creio que essa culpa, que toca num passado cujas grandes alegrias eles se recusam a recordar, atiça as censuras que fazem um ao outro posteriormente, porque ambos são apegados ao filho ou aos filhos nascidos de sua paixão. Isso pode acarretar nos filhos o sentimento de que há um bem ou um mal ligados a seu nascimento e sua concepção, o que complica sua adaptação já difícil de crianças mestiças.

* * *

Acontece com frequência cada vez maior, nos casos de divórcio, uma linhagem ou até mesmo as duas desaparecerem da vida da criança, depois do discurso que ela ouve habitualmente.

A linhagem que desaparece é a do genitor descontínuo. Esse é um fato que parece transcorrer sem danos para muitas crianças no correr da infância, mas que sempre cobra um preço muito elevado quando as crianças tornam-se pais.

Você desaconselha formalmente[30] a volta para "a casa de papai e mamãe" por parte de um adulto casado em processo de divórcio, ou que se tenha divorciado. É que, nessa situação, o filho vê sua mãe (seu pai) voltar a se tornar criança e a se deixar dominar por seus próprios pais.

É preciso que os pais saibam que as soluções de facilidade se pagam caro mais tarde. É importante para os filhos que os pais se comportem como cidadãos adultos. Para os que vivenciaram sua educação, e depois seu casamento, como uma "tutela", o retorno à casa de "papai e mamãe" após o divórcio constitui uma regressão. Eles poderiam, nessa ocasião, sentir-se adultos e mais livres, não depender mais de uma tutela conjugal repetidora da tutela parental. O retorno do pai ou da mãe para a casa dos próprios pais é, ao mesmo tempo, uma regressão para a criança, que se descobre ao lado de pais artificialmente transformados em irmãos mais velhos, machucados pela vida, e que já não são modelos de adultos. Em particular, quando a mãe volta para a casa dos pais com o filho, este tende a substituir o pai ausente, seu pai, pelo pai de sua mãe, e a se sentir, desse modo, filho do avô.

Seja por decisão judicial, seja por acordo entre o genitor que exerce a autoridade parental e seus próprios pais, a criança pode ser confiada a estes ou a um deles. Quais são os efeitos disso para ela?

Morar com os pais do pai ou da mãe não traz nenhuma solução para a criança. Naturalmente, é preciso livrar do aperto uma mulher que fique repentinamente sozinha com quatro filhos porque o marido foi embora. Uma coisa é a família próxima ou os avós prestarem momentaneamente um serviço à filha ou ao filho divorciados, protegendo as crianças numa situação de crise, mas é sempre prejudicial os avós se tornarem o casal educador permanente de referência.

Eu faria apenas as seguintes observações gerais: tanto é ruim a criança ir para a casa de avós que recriminem a filha ou o filho por se haver divorciado, quanto é ruim ela ir para a casa de avós que se rejubilem por ter havido um divórcio, pois assim eles podem criar o filho de seu filho.

Como solução duradoura, seria preferível uma família de criação jovem ou um colégio interno.

Que ajuda os avós podem dar aos netos após o divórcio dos pais?

Para as crianças cujos avós se dão bem, e que elas percebem perfeitamente que já não têm vida sexual – ou, se não o percebem, pressentem-no –, a ideia do companheirismo casto de um casal idoso é algo importante. Trata-se da doce amizade de um velho casal, e toda criança sonha, quando tem pais divorciados, que um dia eles se reencontrem como quando ela era pequena. Essa é uma projeção da criança, do ser humano, que fornece uma evolução ao desejo mesclado com o amor. O companheirismo num amor autêntico, casto em relação ao desejo físico, é algo de cuja compreensão as crianças dispõem quando pequenas. Os adultos jovens começam a ter uma compreensão disso após múltiplos rompimentos, quando preservam amizades profundas com seus colegas e com parceiros de cama com quem conheceram uma época amorosa vulcânica.

Existem avós capazes de ajudar a criança a compreender o fato de que, nos dias atuais, o divórcio está dentro da lei e dos costumes, e que eles mesmos, numa situação análoga, se teriam divorciado. Agora o lamentariam, já que se dão bem e que envelheceram e estão felizes em ter netos a quem podem ajudar a suportar o divórcio dos pais.

A idade do adulto explodindo de desejo é compreendida pelas crianças no momento da puberdade; quando menores, elas não são capazes de entender isso. Depois de rupturas como as que são forçadas a viver na adolescência, elas se fixam num único ser. Nesse momento, ou seja, por volta dos vinte ou vinte e dois anos, os filhos que puderem conhecer ambos os pais, caso eles tenham estado separados até então, compreenderão que há razões para se formar um casal por companheirismo, sem que haja sempre o desejo sexual. Dentre eles, muitos chegarão até a desejar que, no fim da vida, seus pais, livres de algum parceiro atual, legal ou não, possam reencontrar-se. É uma projeção da primeira infância na idade avançada.

E, dentre todas as palavras que é possível dizer a uma criança, são sobretudo as dos avós ao neto que podem permitir a este discutir o assunto com eles e, desse modo, relativizar aquilo que nele, enquanto é pequeno, no momento em que está sofrendo com a separação dos pais, o leva a considerar responsável ou culpado um ou outro de seus genitores. É muito bom que a criança receba palavras que lhe deem acesso a essa compreensão das relações do casal, uma compreensão que lhe chegará com a experiência.

6. O TRABALHO DA CASTRAÇÃO

Tive uma entrevista com uma menina de dez anos cujos pais não se divorciaram. Ela é muito observadora e constatou ter muitos colegas de classe cujos pais são divorciados. Utilizou a palavra "desorientação" para dizer o que sente sobre a situação deles. Qual seria seu comentário?

Acho que está certíssimo. Eles não sabem como se orientar. A orientação equivale, no dia a dia, a desenvolver possibilidades que tenham um objetivo futuro. Pois bem, essas crianças não sabem se devem, no caso da menina, tornarem-se moças para se casar ou para ser futuras divorciadas e, no caso do menino, tornarem-se rapazes para constituir um casal ou permanecer celibatários nos casos em que seu próprio pai não tornou a se casar. Para essas crianças, os referenciais de orientação é que são oscilantes. É como se houvesse "dois polos norte". Habitualmente, cada um dos pais representa um polo diferente de desenvolvimento para a criança, mas, nessa situação, eles pendem para o mesmo lado: ambos apontam para a mesma direção. E, no entanto, a criança precisa se orientar a partir de dois polos diferentes.

Há casos em que os filhos se imiscuem muito precocemente entre os pais. Por exemplo, chorando sistematicamente durante a noite, "obrigam" a mãe a ficar junto deles, o que o pai tem dificuldade em tolerar. Quando, posteriormente, sobrevém o divórcio, pode a criança acreditar que participou da dissolução do casal?

A criança sente-se o centro do mundo. Quando acontece qualquer coisa em função da qual ela vem a sofrer ou alguém vem a sofrer, ela acredita ser o agente provocador. Quando temos a oportunidade de escutar uma criança – vamos chamá-la de Paul – que se acredita responsável pelo divórcio dos pais, é importante dizer-lhe: "Não é verdade que tenha sido por sua causa que seus pais se divorciaram. Se isso acontecesse com os pais de Pierre, de Sylvie ou de outros, também diriam que foi por causa deles que os pais se separaram, mas não é por isso. Seus pais não estavam maduros para ter um filho, e sua mãe não deixou seu pai dominar a situação. Quanto a você, você desempenhou seu papel de filho; eles não desempenharam seu papel de pais."

Na maioria das vezes, são as mamães que não ousam deixar o filho chorar; é que não amam seu homem o bastante para dizer ao filho: "Preciso mais ter um homem na minha cama do que ir para o quarto de uma criança chorona." Por seu lado, os homens acham que é "tarefa" da mãe acalmar a criança. Não ousam dizer ao filho: "O lugar de minha mulher é na minha cama, e não ao seu lado, por você chorar todas as noites." Quando isso acontece, é porque os pais são cúmplices.

Você poderia explicar o que entende por "a criança sente-se o centro do mundo"?

Todas as crianças têm a impressão de ser a própria causa de tudo. É a imaginação infantil; não se pode retirá-la delas. A criança acredita ser a causa porque deseja ter sido a causa. A crença é também um desejo. Seja menina ou menino, a criança deseja sobrepujar, no coração da mãe, aquele que se revelou um intruso para ela depois de ter lhe dado a vida.

Você escreveu: "É aos três anos que o filho ou a filha provocam tensões entre os pais. Aos sete, eles são maquiavélicos em excitar-lhes o ciúme, em dividir para reinar"[31] Se as tensões que a criança provoca agravarem o conflito dos pais e se este levar a um divórcio, ela não correrá o risco de guardar uma grande culpa disso?

Certamente. Ela guarda uma grande culpa disso. Como os pais, antes, não formavam realmente um casal, o comportamento edipiano da criança provocou o ciúme de pelo menos um deles, que então deu razão ao filho contra seu cônjuge. A criança se sente culpada, mas, a rigor, o casal é que era frágil. Diante das invectivas incestuosas e maquiavélicas das meninas e meninos na idade do Édipo, os casais bem-estruturados riem; divertem-se com isso e participam do jogo: fingem estar enciumados, rindo muito, e isso previne imediatamente o desenvolvimento de sentimentos de culpa na criança, pois ela vê que ninguém, nem sequer ela mesma, pode intrometer-se qual uma cunha entre a mãe e o pai.

O filho do divórcio não é mais maquiavélico do que qualquer outro em seus ardis edipianos. Quando constata que estes têm algum poder sobre os pais e que provocam pouco a pouco sua separação, a criança acha que tem alguma coisa a ver com isso; na realidade, a solidez do dique formado pelo casal é que tinha uma rachadura.

Conviria, então, que alguém dissesse isso à criança em tempo hábil.

De fato. Aliás, os psicanalistas de crianças têm um grande número de pedidos de consulta de "trios" que estão atravessando dificuldades edipianas: a idade da criança situa-se entre cinco e sete anos. Basta, nesses casos, receber os pais várias vezes, vendo a criança algumas vezes. É preciso dar confiança ao pai em sua atitude castradora e explicar à mãe que seu comportamento pretende evitar o efeito regulador disso nos desejos de seu filho, que permanece articulado, nela, com um infantilismo prolongado. Ela caiu numa armadilha, de maneira homo ou heterossexual arcaica, com o filho em quem apoia o comportamento perturbador ante a relação que ela mantém com seu cônjuge. É possível sugerir frases simples aos pais; eles refletem a esse respeito.

Quando se trata da mãe, ela pode dizer ao filho: "Não vou permitir que ninguém aborreça a quem amo e que é seu pai. Se você não está satisfeito aqui, vou procurar uma solução fora." Da mesma forma, o pai pode dizer: "Não vou permitir que nenhum homem venha estragar a vida familiar, chateando minha mulher. Não há razão para que ele seja você. Você está crescendo, e tenho muito orgulho disso, mas não vai continuar a nos aborrecer por muito tempo." Assim, ele apoia o menino em sua virilidade, tratando-o como a um estranho que viesse destruir o casal. Como eu disse, com esses "trios que estão atravessando dificuldades edipianas", frequentemente bastam algumas entrevistas com os pais.

* * *

Hoje em dia, é frequente ouvirmos psicólogos ou sociólogos sustentarem que a criança cujos pais se separam ou se divorciam tem que fazer um trabalho de luto. Esta expressão lhe parece apropriada?

Se for o luto da primeira infância, da época em que os pais representavam para ela uma entidade bicéfala asseguradora e indissociável, trata-se, antes, de uma castração: da morte da "criança" nela mesma. A criança precisa saber que ela é a representação da indissolubilidade e da combinação viva – fisiológica, afetiva e mental – da essência dos dois seres que são seus pais. Impor-lhe a castração é um trabalho que consiste em lhe dar o sentido de que é ela que representa ambos os pais: ela já não precisa, embora tenha o desejo e a vontade de fazê-lo, continuar a viver com eles cotidianamente.

Ela só precisa ouvir de alguém digno de confiança que a criança busca um modelo feminino e um modelo masculino, e que não é indispensável que esse modelo seja o genitor, nem que haja amor entre ele e a criança.

É conveniente abrir a mente da criança para as dificuldades que existem em subsistir por meio dos pais, em vez de culpabilizá-la; apoiar sadiamente seu direito de crítica aos adultos e seu dever de encontrar para si, no dia a dia, modelos de ambos os sexos – que, na imaginação, ela pareia ou não. Trata-se de uma castração do modo de pensar da primeira infância.

Quais são os efeitos da castração que você acabou de evocar quando ela é atuante?

Nesse caso, o divórcio é um fator de amadurecimento. Quando os pais assumem seu divórcio de maneira responsável e eles próprios amadureceram, o filho pode, apesar das provações, conservar sua afeição tanto pelo pai quanto pela mãe. É notável ver a que ponto alguns filhos de divorciados são avançados em seu amadurecimento social e sua autonomia.

Uma pesquisa francesa sobre uma amostra de filhos de pais divorciados, feita por intermédio de testes projetivos, evidenciou neles a imagem de um casal solidário imaginário.[32]

É o casal, inseparável no inconsciente, das pulsões ativas e das pulsões passivas. Ele está interiorizado em todas as crianças.

Neste sentido, afirmo que, mesmo que o divórcio prive a criança do casal externo formado por seus pais, estes se tornam mais internos para ela, e de maneira profunda. Os pais reais, externos, são os que estão presentes e que lhe deram o exemplo dos desacertos da vida adulta que poderiam prejudicá-la. Mas, como eles já não estão juntos e existe a separação através do divórcio, seu exemplo não a incomoda mais.

Outra maneira, sem dúvida, de confirmar o problema das castrações: atualmente, dois terços dos divórcios são solicitados pelas mulheres,[33] sendo o alcoolismo e a violência do marido os motivos frequentemente invocados.

Há numerosos divórcios motivados pelo alcoolismo do marido que provêm, em muitos casos, do fato de a mulher ter caído na cilada de sua maternidade. Quando, no início da vida conjugal, o homem não era alcoólatra, é frequente ter passado a sê-lo porque sua mulher deixou-se prender na armadilha da maternidade, já não sendo para seu homem o apoio que era antes. Há também mulheres que, durante a gravidez, não são esposas do marido, que então passa a beber porque é realmente preciso algum consolo. Ele sai à cata dos amigos; e os amigos, onde é que podemos encontrá-los? No bar.

Quando o filho nasce, esse homem, já não sentindo apoio afetivo em sua mulher, extremamente monopolizada pelo filho, cria uma espécie de "ciúme do irmão mais novo" e vive, sem perceber, um ligeiro estado depressivo. Volta para o bico como uma criança de três meses, pois foi abandonado, no nascimento do filho, pelo que havia em sua mulher de componentes maternais inconscientes em relação a ele.

Por seu lado, a mulher abandona o marido: encontra pretextos para lhe pedir que se torne para ela, e mesmo para o filho, uma segunda mãe, uma mãe bisada; deseja isso inconscientemente. O papel das mulheres é enorme no alcoolismo dos homens que não eram alcoólatras quando os dois se conheceram. Muitas mulheres se queixam de que o marido é alcoólatra e o deixam por essa razão, quando elas mesmas é que o tornaram alcoólatra. Isso não é dito com frequência suficiente. Do mesmo modo, não se enfatiza suficientemente o papel das mães que se queixam dos filhos homens e que, dessa maneira, podem contribuir para torná-los progressivamente alcoólatras. São mães que, ao longo de toda a primeira infância, foram escravas e servas deles. Mais tarde, dizem: "Não aguento mais." Batem neles e os põem no olho da rua. Quanto aos filhos, eles se convertem em carrascos da mãe; pois bem, ela os transformou nisso.

Como essas mães não sabem manter no filho a proibição do incesto a cada castração,[34] desde a infância o filho faz delas suas cúmplices por todos os meios metafóricos de que dispõe.

Não houve interdição do incesto oral no momento do desmame. Logo, esse filho "canibaliza" o dinheiro da mãe por todos os meios metafóricos de uma "mamada" permanente: pede-lhe dinheiro sem cessar.

Não houve, a seguir, proibição do incesto anal. Portanto, o filho ficou preso a ela e a mãe ficou presa a ele no momento do "fazer". Ela ficou presa a um "fazer para ele", em vez de se instaurar um trabalho de cooperação em que cada um fizesse pela casa, tanto o filho quanto a mãe e o pai. Por sua vez, o filho só "faz" para ajudar a mãe; só "faz" para ela: ele a emporcalha e a suja de cocô. E, no entanto, a partir do momento em que a criança adquire autonomia motora, a mãe já não a ajuda constantemente.

Por último, não houve proibição do incesto genital. A mãe não disse ao filho que a mulher deseja um homem adulto. Não basta que lhe tenha explicado: "Você não pode ser meu marido, porque você é pequeno e eu sou grande", pois, nesse caso, o menino pensa: "Bom, então, aos quatorze anos eu o serei." E, aos quatorze anos, esses meninos passam a beber e a insultar a mãe.

A prevenção do alcoolismo impõe toda uma compreensão da sociedade em relação à criança pequena. E afirmo que se pode fazer muita coisa, instaurando um atendimento de pais e filhos de até três anos como o fazemos na Casa Verde[35] – por exemplo, restituindo à mulher o gosto de viver como mulher, quando ela já vivia apenas como uma mãe esgotada pelo filho.

O que é preciso almejar é que o filho possa autonomizar-se e desmamar a mãe. Então, a mãe desmamada, por sua vez, desmama o filho; mas ela não se desmama sozinha, ao passo que, quando o filho faz o desmame da mãe, ela é realmente obrigada a procurar se encontrar em outro lugar. E encontra um ego auxiliar numa outra mãe que esteja lá. Depois, um dia, o pai vai à Casa Verde – e por que os pais não iriam? Ou seja, os maridos vão procurar suas mulheres e conversam entre si. O fato de a criança ter conquistado sua autonomia surte efeito. E o filho é capaz de conquistá-la. Quando não o faz, é porque a mãe caiu na armadilha dele e, para ela, o filho se tornou o equivalente do falo: tudo está nele, ela não pode desviar a atenção dele, só cuida dele, tem os olhos voltados para ele. Isso é o que impede o filho de rumar para sua autonomia; a mãe precisa dele, e um filho "não pode fazer isso com a mãe" que precisa dele.

Mas as mães que vão à Casa Verde querem ser desmamadas pelos filhos?

Elas vão para descansar. Sabem que há brinquedos para os filhos. Acima de tudo, é a primeira vez em que os filhos não querem ficar agarrados a elas. Ficam com as outras crianças de sua idade. E muitas vezes o pai nos diz depois: "Vocês salvaram nossa família, que estava se desagregando por completo." Pois bem, aparentemente, não fizemos nada. Pelo menos, não fizemos nenhuma reprimenda a quem quer que fosse. Simplesmente permitimos que a criança conquistasse sua autonomia.

Esse tipo de local de atendimento é uma resposta da sociedade ao mal-estar crescente dos casais em que a mulher se descobre perversamente mergulhada em sua maternidade, e o homem, abandonado pela esposa no momento do nascimento do filho. É uma das respostas da sociedade à necessidade de a criança se estruturar com o pai e com a mãe. Um local de atendimento para o filho *com* os pais, e não para ele sozinho; local onde ele aprende a ficar em segurança na sociedade, na presença dos pais, que são os fiadores de sua identidade. Assim, a criança pode compreender que, quando os pais não estão, ela continua a ser filha deles; e é dela própria que, um belo dia, por volta dos dois anos e meio ou três anos, vem a frase: "Quero ir para a creche onde os pais não ficam."

* * *

As conversas com os adolescentes destacam a importância, para eles, da violência no seio do casal parental.

Toda violência provém da falta de palavras para dizer do desacordo entre dois sujeitos. Quando o sujeito não consegue mais se exprimir, é o corpo, na qualidade de objeto, que "é punido" no corpo do outro, objeto de rejeição ou de rivalidade, ou causa de frustração que é preciso subjugar ou à qual é preciso aceitar submeter-se.

As repercussões da violência parental a que a criança assiste são diferentes conforme sua idade.

Por volta dos três ou quatro anos, a violência entre os adultos é vista como uma cena divertida: para a criança pequena, é mais ou menos como uma cena primitiva em que o vencedor é o mais fálico dos dois. A gente ouve crianças dessa idade falarem no "papai que bate na mamãe": para elas, é como acontece com os super-heróis.

A coisa é inteiramente diferente depois do Édipo, e a criança então sofre por ver sua própria sexualidade desprezada como a do cônjuge vencido. Quando é a mulher a ser vencida, as pulsões receptivas e passivas do menino recebem um modelo de masoquismo, já que ele vê a mãe continuar em casa, apesar de tudo. Essas cenas são marcos da perenidade desse casal parental violento. Quanto às pulsões ativas, às pulsões fálicas, o menino as vê então como podendo chegar até a destruição da parceira, o que constitui um modelo de delinquência para sua virilidade.

Na menina, assistir à violência do casal produz um efeito análogo, tendo por consequência que o genitor que sai vencido da briga torna-se, para ela, o modelo do sexo desprezível e desprezado.

As crianças, tanto meninos quanto meninas, tentam intrometer-se nessas brigas; ao fazê-lo, correm perigosamente o risco de forçar a tranca ainda frágil que contém, para elas, o desejo incestuoso. Esse perigo é ainda maior em nossa época do que antigamente, quando, na puberdade, os meninos e as meninas podiam licitamente fugir de casa e ir trabalhar.

Será que a partida de um pai violento, alcoólatra, ou de uma mãe violenta ou não afetuosa, traz algum alívio?

O clima, que era vulcânico, volta a se tornar calmo, e isso é de fato muito apreciado pela criança, pelo menos no começo. Mas ocorre que, pouco a pouco, a armadilha do pareamento cúmplice com um único genitor pode obrigar o filho a idealizá-lo, o que provoca nele a decisão de lhe dedicar toda a sua vida. Vi isso acontecer várias vezes: "Não vou me casar porque mamãe se sacrificou por nós. Tenho de dar o que ganho à mamãe." Para combater o desejo incestuoso, os filhos idealizam a mãe. As soluções são diferentes nos meninos e nas meninas, mas os problemas surgem por ocasião da adolescência. Na menina, isso pode ocorrer sob a forma de projetos inconscientes de "sororalidade": passar a vida inteira com a mãe.

É isso o que você chama de "moça bloqueada"?

Sim, é isso. Ela resolve compensar a mãe, no futuro, pelo que esta sacrificou de sua juventude pela manutenção da família, depois que o pai abandonou seu posto.

Nos meninos, a situação se complica na adolescência, e cada caso encontra uma solução particular, neurótica, com bastante frequência.

Para não "largar a mãe ao deus-dará", eles podem decidir não ter vida sexual, ou não empreender estudos prolongados que desejem fazer, imaginando que eles custarão caro demais e durarão muito tempo. Assim, por culpa, esses meninos têm uma embolia da circulação libidinal nas relações com sua faixa etária. Sentem-se com as responsabilidades de um cônjuge e, ou bem reagem, opondo-se a elas e se tornando impossíveis de viver com a mãe, ou bem vivem numa castidade falsa, num homossexualismo falso com companheiros como eles, dedicados ao dever familiar. Trata-se de neuroses bastante difíceis de suportar.

O que quer dizer, ao que parece, que, em ambos os casos, as mães, por seu lado, não conseguem encontrar um cônjuge.

Não podem fazê-lo, porque esse lugar está tomado. Para concluir, esse alívio de que se fala após a partida do cônjuge perturbador não dura muito tempo. Como acabei de dizer, é uma cilada para os filhos e para o genitor que se dedica a eles na paz recuperada. A partida do "inconveniente" teria um sentido positivo se, pouco tempo depois, a libido da mulher despertasse para um homem com quem fosse possível viver, o que restabeleceria a ordem da libido nas crianças.

Alguns tipos de divórcio em que há conflito em torno do filho modificam neste, "em processo de estruturação e crescimento, o valor de modelo e de credibilidade do adulto enquanto valoroso",[36] escreveu você.

É frequente, de fato, a criança não mais dar crédito à palavra do genitor com quem mora. Ter vivido a experiência de um conflito proveniente das dificuldades dos pais, e não de um só deles – pelo menos a seus olhos –, faz com que nenhum dos dois seja, para ela, mais digno de crédito do que o outro. Por isso é que, num divórcio conflituoso, a melhor solução é confiar a criança, durante o ano letivo, a uma família de criação, ou que, se permanecer na família, seja colocada num internato durante o prazo em que os dois cônjuges passionais se acalmam.

Você com certeza está querendo fazer referência aos casos em que as sentenças, as decisões, os recursos, as averiguações e contra-averiguações sociais e as perícias psicológicas se sucedem, sem que nenhum dos cônjuges consiga dispor-se a ceder, não é?

Sim. Nesses casos, pode ser necessária uma solução radical. Pode-se, por exemplo, confiar a criança por um ano a um tio e uma tia que tenham filhos e não tomem o partido de um ou outro de seus genitores, ou então propor-lhe que fosse para um internato. Naturalmente, é preciso discutir o assunto com a criança e lhe explicar que, de qualquer maneira, esse clima de crise aguda não lhe convém.

Será que todo adolescente que vive sua evolução, simultaneamente, como esquecimento, mal-estar e descoberta, pode ver se reativarem certas lembranças das experiências vividas em torno do divórcio dos pais?

Sem dúvida; e não apenas do divórcio dos pais, mas de tudo o que foi importante em sua vida desde que era pequeno. É justamente essa a característica da adolescência: tudo o que foi vivido de importante desde a infância se reatualiza, consciente ou inconscientemente, nos comportamentos ou nas sensações emocionais. Além disso, o clima emocional dessa fase é sempre depressivo.

Em qualquer adolescência?

Em qualquer adolescência, porque se trata de um luto: do luto de uma maneira de ser do próprio sujeito. Nesse momento, as próprias palavras do vocabulário mudam de sentido – para falar apenas nas palavras "amar", "desejar" ou "cobiçar", sem levar em conta o que então se prende a elas das qualidades de uns e de outros, nas quais se motivam as rivalidades. Nenhum desses sentimentos continua a ser o que era dos oito aos doze anos, nem dos quatro aos oito anos, nem do nascimento aos quatro anos. Há que fazer o luto desses três períodos da infância.

É isso o que permite compreender que sempre existem, em todo adolescente, momentos em que afloram ideias de suicídio – que não devem ser tomadas por tentações de pô-lo em prática. É aí que a escuta de um adulto não angustiado, e que deixe o adolescente falar sem censurá-lo pelo sentimento depressivo que ele deixa registrado em sua confidência, é nesse ponto que tal escuta – sem que o próprio adulto se aperceba – torna-se o suporte do "parto do cidadão" que a passagem da adolescência representa: uma passagem que implica o luto e o abandono da própria infância no passado, sem nostalgia.

O superinvestimento e o desinvestimento do sexo, da escola e do dinheiro, habituais na adolescência sem o divórcio, podem revestir-se de aspectos particulares por causa do divórcio?

É impossível responder a essa pergunta. Isso depende da personalidade dos pais. Pode ser um alívio para um menino que seu pai não esteja presente, por exemplo, para se opor a uma escolha profissional que não aceitaria, ou ser um alívio para uma filha que o pai não esteja presente para sentir ciúme do "namoradinho" com quem ela quer sair, assim como é possível que tanto a filha quanto o filho sintam-se sem apoio por não haver em casa um terceiro que equilibre a atitude da mãe.

O fato de ter sofrido com o divórcio dos pais não é eliminável. Isso faz parte do conjunto da problemática do sujeito; não se pode falar sobre o assunto de maneira generalizada. Cada caso é um caso particular.

A ausência física, a carência simbólica ou a desvalorização de um dos pais pode levar o adolescente a construir para si, em seu imaginário, uma imagem superinvestida desse genitor, mais particularmente quando é do pai que se trata.

Os adolescentes são obrigados a preservar a imagem deles próprios como futuros genitores, construindo em seu imaginário um genitor que tenha valor, e isso devido à inflação do pai hoje em dia. Eles precisam poder contar com a genitura, com sua capacidade de gerar, sem se enganar, "como fez papai ao se casar com mamãe" ou "mamãe com papai".

É a lógica do que há de vivo no adolescente, que tem de preservar a confiança em sua própria maturação gonádica, em sua potência, independentemente do exemplo que lhe tiverem fornecido esse pai ou essa mãe. Ele supercompensa.

Alguns adolescentes que moram com a mãe ou o pai desejam, quando um ou o outro reencontra um parceiro, ir morar na casa desse outro genitor.

É uma pena que isso só lhes ocorra na adolescência! Nessa época, é tempo, ao menos para eles, de querer viver com o outro genitor. Caso contrário, essa falta pesará no futuro do adolescente, quando ele se tornar adulto e genitor.

É indispensável que ele forme seu próprio juízo sobre a pessoa do pai, considerando-o como um adulto no tocante a sua relação com um outro adulto. O mesmo se aplica à pessoa da mãe.

Essa observação tem sido falseada ou impossibilitada a partir do divórcio. Por isso uma estada que ultrapasse em muito o tempo das férias na casa do genitor descontínuo parece-me indispensável: uma estada de um ou dois anos, antes que o adolescente em vias de se tornar adulto encontre uma solução para não mais morar com os pais. E isso não com o objetivo de julgar, mas com o de travar conhecimento com o outro genitor, dessa vez na qualidade de adulto, e não mais como "papai" ou "mamãe".

É extremamente prejudicial que o genitor contínuo, algumas vezes, tome essa busca do filho como uma reprovação a seu respeito. Trata-se, ao contrário, de um sinal de que esse genitor o criou e preparou bem para viver as emoções e a busca da adolescência e da idade adulta.

Alguns adolescentes não enfrentam a complexidade do fim da identificação infantil inconsciente com seus próprios pais. Você considera que, discutindo com adultos o que levou seus pais a se divorciarem, eles poderão, mais tarde, elaborar projetos afetivos de um modo mais pessoal?

É sempre bom ventilar os afetos dos acontecimentos através da fala. Mas nem sempre basta ouvir outras pessoas emitirem opiniões que divirjam das dos pais. Falar não é viver uma experiência. É melhor do que nada, mas pode criar uma cilada para o adolescente: ele pode vir a seguir conselhos de alguém que apenas fale com desembaraço, saiba se exprimir.

Poderia ele, talvez, ser assim ajudado a se exprimir de maneira consciente?

A exprimir o que sente, mas, talvez, não a evoluir. É melhor do que nada, mas é insuficiente.

Hoje em dia se ouve dizer: "Você é filho de divorciados? Eu também sou filho de divorciados." As pessoas se amam... através de quê? Acaso os divórcios fundariam linhagens parentais?

Eles conheceram as mesmas provações. Pode ocorrer de as pessoas se ligarem por acreditarem saber, em vista de uma situação juridicamente similar, que sofreram a mesma coisa, mas não creio que isso seja verdade. Não mais do que "Pertencemos, ambos, a famílias que se dão bem" significa que um homem e uma mulher sejam feitos para viver juntos, ou que possam se entender profundamente. Creio que essa também é uma armadilha. Uma coisa é entender-se com um outro por amar conjuntamente um mesmo tipo de cultura, um mesmo tipo de lazer; outra é ser um par de "gêmeos do infortúnio da juventude".[37]

"Bom, então, talvez seja preciso casar para poder se divorciar... Ah! mas isso está longe...", dizia uma criança. Você comentou assim essa formulação: "É um comportamento infantil que reproduzirá, com os filhos deles, o que esses jovens tiverem vivenciado com sofrimento. Continuam se preparando divórcios..."[38]

É o que chamamos de "neurose familiar", ou seja, a repetição, de geração em geração, dos mesmos impasses. É o "círculo da família", tão bem descrito por André Maurois e completamente contraditório aos desejos conscientes das pessoas. A identificação parece fatal porque os filhos querem crer que os pais são absolutos, são "deuses" a quem nunca se deve julgar. E, no entanto, seria seu dever de adolescentes julgá-los como tendo feito o que puderam, e não mais. E, a partir daí, honrar os pais, fazendo algo diferente deles.

O que importa é que o sujeito adolescente se encarregue de si, justamente porque sempre o fez. Ele teve um momento de engano, quando era pequeno, ao acreditar que o adulto é que cuidava dele. Isso se produziu no inconsciente, onde ele introjetou o adulto de quem era dependente, com sua fala e sua neurose. O adolescente precisa desprender-se dessa identificação com a mãe e o pai para se tornar ele mesmo, em seu tempo e seu espaço próprios, com suas próprias experiências.[39]

Não há por que invocar nenhuma hereditariedade fatal, já que a psicoterapia analítica – melhor ainda, a psicanálise – permite ao sujeito explicar e resolver seu Édipo.

7. A CRIANÇA E A ESCOLA

A pesquisa sobre o divórcio da qual você participou[40] revelou que "nenhum dos quarenta alunos questionados nas... duas classes fora informado pelos pais de sua decisão de se divorciar". Ainda é frequente os filhos não falarem de sua nova situação como filhos de divorciados, nem com os professores nem com os colegas. Poderia o silêncio dos pais sobre o divórcio explicar essa atitude?

Não ter falado do divórcio com o filho quer dizer que ele foi "instruído", de certa forma, por esse não dito. Tudo aquilo a que se refere um não dito equivale, para ele, a tudo o que é escondido. Para a criança, o divórcio é qualquer coisa "muito ruim", da qual os pais parecem envergonhados como de um ato delituoso, não legalizável nem reconhecido pela sociedade. Ora, nem tudo o que é escondido constitui, por isso mesmo, uma "sujeira": entre os seres humanos adultos, esconde-se o sexo para colocá-lo em evidência.

Além disso, o adulto não fala com todo mundo sobre seus gozos sexuais deliciosos e ocultos; quer guardá-los para si. É o erotismo.

Para a criança, o não dito é de um erotismo extraordinário! E é tão prazeroso que seria uma safadeza dizê-lo a todo mundo. Ela não preservaria seu pudor sexual infantil. Quando lhe falam disso, ela o sente como qualquer coisa triste, mas que já não é vergonhosa nem prazerosa demais.

Nesse momento, ela pode falar no assunto com os outros.

Isso mesmo. Aliás, é interessante que a maioria dos jovens de dezessete ou dezoito anos que vivenciaram situações difíceis de divórcio dizem: "Eu teria preferido, e ainda hoje digo a mim mesmo que gostaria mais que meu pai tivesse morrido do que vê-lo divorciar-se de minha mãe. Eu teria sofrido ao saber que meu pai estava morto, mas poderia falar nisso, ao passo que fiquei completamente tolhido pelo fato de meus pais se haverem divorciado. Não podia convidar um colega para ir a minha casa. Parava antes de entrar e, todas as vezes que ele falava comigo sobre meus pais, eu respondia qualquer coisa, porque não podia dizer a verdade."

Como se houvesse uma vergonha perante esse ato que, no entanto, é tão legal quanto o casamento. A vergonha é da ordem de uma lei libidinal inconsciente na criança, uma lei à qual a lei escrita, a lei positiva, permanece alheia. Não se tem vergonha de um pai morto ou de uma mãe morta, mas se tem vergonha de um pai ou uma mãe que não assumem seus filhos.

Alguns professores que acabam de se divorciar experimentam um grande sofrimento. Lembro-me de uma professora excelente que disse com tristeza a sua classe: "Este ano não vamos festejar o Dia dos Pais; seria doloroso demais para aqueles que não os têm."

Como se o fato da separação dos pais significasse que os filhos haviam perdido o pai. Essa era, visivelmente, uma mulher que se identificava com suas crianças, o que frequentemente acontece entre os professores, lamentavelmente.

Você quer dizer que ela se identificava com suas "crianças da classe"?

Sim; ou com as próprias crianças dela. É muito frequente os pais se identificarem com os filhos, quando não se acautelam contra isso.

Só os professores?

Não, todos os pais. Eles dão prova disso ao falarem de si próprios na terceira pessoa: "Mamãe fez isso"; ou ao falarem do cônjuge na terceira pessoa, como quando a mulher chama o marido de "papai". Isso é inteiramente inconsciente, mas é algo que ouvimos dizer o tempo todo.

Outro exemplo de identificação dos pais com o filho é quando os pais adotivos não querem contar a uma criança que ela é adotada, e assim justificam seu silêncio: "Não é possível dizer-lhe isso. Se me dissessem, no lugar dela, isso me faria sofrer demais." "Mas é porque o senhor (a senhora) não foi adotado(a). Quanto a ela, trata-se de sua própria história. É preciso, ao contrário, dizer-lhe a verdade. É isso o que irá fazê-la desabrochar."

Quantas vezes ouvi mães divorciadas me dizerem, falando sobre o pai de seus filhos: "Ele nos abandonou quando meu mais velho tinha sete anos." Então eu perguntava à criança, que estava presente: "Você não tem visto mais seu pai?" A mãe respondia: "Sim, é, ele o vê toda quinzena." "Mas, então, por que a senhora chama isso de abandonar?" "Eu quero dizer que ele se divorciou quando meu mais velho tinha sete anos." Essas mães se divorciam *com* os filhos. Para elas, o filho se divorcia ao mesmo tempo que elas.

Voltando ao exemplo que você deu, a professora se identificou, como eu disse, com seus filhos do casamento ou seus "filhos da classe" e com as experiências que projetou neles: se ela já não tinha marido, eles não mais tinham pai.

Algumas crianças procuram fazer confidências a sua interlocutora privilegiada, a professora primária: "A mamãe chora, o papai não dorme mais com ela", confidenciou uma garotinha de quatro anos a sua professora.

O importante é que a criança ouça uma resposta que seja verdadeira por parte dessa pessoa a quem procurou, e não uma resposta "estereotipada"; e que tampouco veja essa pessoa mudar de assunto.

Cada um, é claro, tem seus limites, sua resistência e sua natureza, mas todo professor ou professora poderia responder: "Você tem razão em me confiar isso. É um segredo. Não fale desse assunto com ninguém. Por mim, também não vou falar com ninguém."

Isso é o mínimo.

É, mas pelo menos a criança pôde falar de sua dor com alguém; está menos sozinha.

E o professor lhe disse claramente que havia escutado e compreendido.

Isso mesmo. Entretanto, com algumas crianças em quem se sente uma nuança de culpa em relação aos pais, seria desejável acrescentar: "O que você está me contando não é bom nem ruim. Deixa você triste, mas não é culpa sua, de jeito nenhum. Existem momentos difíceis na vida da gente grande"; e, para concluir: "Você teve razão em me falar nisso. É um segredo que não contarei a ninguém." Esclarecer-lhe isso é importante, porque a criança se sente culpada, e mais ainda na medida em que os próprios pais sentem-se culpados por se divorciar, embora não haja nada de errado no divórcio. Por conseguinte, não há razão alguma para que a criança herde essa atmosfera de culpa.

Você tem afirmado que uma das funções da escola seria ajudar as crianças a compreender o vocabulário relativo aos laços de parentesco.[41] Não poderia a diversidade das situações familiares ser igualmente estudada na escola?

É claro que sim! A partir da idade de seis anos, a diversidade das situações familiares e as dificuldades que os filhos enfrentam com seus pais legítimos – sobretudo os pais naturais –, na eventualidade de uma separação ou do desaparecimento de um dos dois, assim como as dificuldades enfrentadas com os pais adotivos ou os pais de criação, poderiam tornar-se um tema de reflexão, entrando no circuito dos conhecimentos gerais, ilustrados por textos literários. As colocações despertadas por estes em cada criança seriam as delas próprias, e em seguida seriam discutidas em classe pelos próprios alunos e pela professora.

Qual seria o objetivo dessas leituras com debate?

Introduzir os casos particulares nos casos gerais permitiria desarticular, em muitas crianças, o sentimento de opróbrio por não serem exatamente como as crianças gostam de ser: "todas iguais". É somente quando se distancia das provações reais da vida afetiva que o sujeito humano assume as características familiares que lhe são peculiares. As repercussões que elas podem ter em seu narcisismo podem ser sublimadas de imediato, a partir do momento em que a linguagem circunscreve tanto as alegrias quanto as provações, encontrando a criança, na literatura, apoio para as fantasias que sua situação particular a leva a experimentar.

A multiplicidade dos professores, na escola secundária, pode favorecer nos alunos um apelo direto ou indireto a um deles, sob a forma de soluços convulsivos, por exemplo.

Eles procuram um pai idealizado ou uma mãe idealizada. Isso é muito frequente. Cabe ao professor não rejeitar essa relação passional e, ao contrário, mostrar-se tolerante quanto a essa dinâmica em andamento em crianças que talvez não tenham nenhum apoio em outro lugar. O professor, seja ele homem ou mulher, não deve responder de maneira erotizada a essa demanda de atenção, que é, para o adolescente, uma implosão de amor, uma espécie de demanda de amor em todos os planos. Há frases que é muito útil saber dizer a um adolescente nesses momentos – naturalmente, com as palavras próprias de cada um –, como por exemplo: "A idade em que você está é a mais difícil de toda a vida. Quando a gente tem sua idade, produz-se todo um remanejamento da sensibilidade. Não se surpreenda por ter sentimentos intensos, estranhos, que não encontram nos outros o eco que você gostaria. Todos os adultos passaram por isso, e é muito difícil."

Você está falando na situação geral do adolescente, fora do caso particular do divórcio.

Encontrar uma "mamãe-papai" na professora ou no professor não é uma solução para o adolescente, mas é uma oportunidade para se reconhecer a dificuldade de seus desejos e o conflito interno que ele experimenta com isso. Assim, ele poderá reconhecer que "é difícil", mas que não é bom nem ruim, e que ele não é ridículo.

Isso exige respeito, habilidade e um "saber dizer" por parte do professor.

Alguns professores ainda se lembram das dificuldades da adolescência de que saíram; são tolerantes para com as experiências que reconhecem ter representado riscos para eles quando eram jovens. Sem dúvida, aliás, eles mesmos gostariam de ter encontrado alguém que lhes permitisse suportá-las.

A partir de 1965, você propôs a possibilidade de que os alunos que o solicitassem, por eles mesmos, tivessem entrevistas livres com psicólogos sem nenhum poder "legislativo" ou "executivo". Você fez escola nesse ponto?

Minha proposta não encontrou nenhum eco. Em contrapartida, tenho depoimentos de enfermeiras de colégios que são verdadeiramente os "repositórios" dos corações sofridos dos adolescentes e das adolescentes – quando não interferem no que eles dizem, formulando juízos sobre os pais ou os professores: escutar, dar mostras de alguma compaixão, oferecer uma xícara de chá de camomila...

As pessoas vão procurar a enfermeira por estarem, supostamente, com dor de cabeça, dor de estômago. A coisa começa por um dizer do corpo e, pouco a pouco, o adolescente começa a contar. Assoa o nariz, chora, e depois as coisas melhoram. O fato de buscarem mais a enfermeira do que o psicólogo prova, ao que parece, que talvez não seja possível isso acontecer com pessoas que, segundo se acredita, repetiriam direta ou indiretamente aos outros adultos o que lhes fosse confiado. Acredita-se que a enfermeira tem de guardar o sigilo profissional, como se fizesse parte do quadro médico.

Você acha possível, quando o caso de uma criança é um tanto complexo, que a enfermeira venha a estabelecer contato com um psicólogo?

De modo algum. Por outro lado, a enfermeira pode dizer à criança: "Você poderia falar sobre isso com o psicólogo", caso ela saiba que este não faz nenhum dossiê, que guarda sigilo e não escreve nada. Mas a enfermeira não deve, por sua própria conta, falar com o psicólogo.

Será que ela pode dizer à criança que o conhece bem?

E que ele é discreto. Mas que acrescente: "De qualquer maneira, não vou falar com ele a seu respeito, não lhe direi nada do que você está me confiando."

Aliás, o mesmo deveria acontecer com os pais. A mãe deve dizer ao filho, no máximo aos sete anos: "Não repetirei para seu pai o que você me diz, mas acho que você mesmo deveria falar com ele. Se quiser, eu o ajudarei a superar a dificuldade e poderá falar com ele."

O que torna as crianças tão sensíveis ao "mundo psi" é que o "psi" escreve e que isso irá acompanhá-las, ou então o fato de falarem "pelas costas delas" de suas dificuldades, que elas confiaram em particular.

E os assistentes sociais?

O termo "assistente social" desperta associações concernentes ao jurídico e ao social, quando a questão não é essa para a criança. Não é por aí que ela procura uma solução – salvo nos casos excepcionais das crianças que querem assumir a si mesmas, deixando a família, como se já fossem maiores. São o coração e o corpo da criança que estão sofrendo, e não sua condição jurídico-social.

Uma assistente social pode fazer a criança compreender que seu problema é psicológico, como, aliás, o professor também pode fazer. Caso o psicólogo do estabelecimento escolar tenha aptidões psicoterapêuticas, a assistente social poderá suscitar na criança o pedido de um encontro com ele. É papel da assistente social conhecer as qualificações de cada um. Ela deve saber, portanto, se um dado psicólogo tem ou não aptidões psicoterapêuticas e se tem a formação necessária. Caso contrário, ela pode descobrir um consultório próximo e ajudar a criança ou o adolescente a tomar a iniciativa de ir até lá. Mas a assistente social não pode substituir nem o psicólogo nem a enfermeira "camomila-aspirina".

O genitor descontínuo tem, segundo você afirma, o dever de supervisionar a educação de seu filho. Pois bem, as circulares ministeriais esclarecem apenas que ele tem o direito de ser informado do desenrolar dos estudos do filho, seja através de entrevistas particulares, seja por correspondência, sob a condição de que o solicite.[42]

A circular lhe confere o direito a isso, mas ele tem o dever de fazê-lo. Lastimo que o envio dos boletins escolares a ambos os pais (quando são divorciados) não seja automático e obrigatório. Se o genitor que os recebe não quiser ouvir falar no assunto, isso é problema dele, mas o dever do chefe do estabelecimento deveria ser o de enviá-los a ambos os pais, e portanto de endereçá-los sempre também ao genitor descontínuo, mesmo que este não peça coisa alguma e ainda que o outro genitor se oponha a isso.

8. A criança diante da Justiça

Você escreveu que deveria ser possível registrar a separação tal como se registra o casamento.

Na Dinamarca, quando ambos os cônjuges estão de acordo sobre todos os pontos, é possível obter o divórcio ou a separação legal mediante uma simples decisão administrativa.[43] Num primeiro momento, o casal obtém a separação administrativa pelo prazo de um ano: isso permite a cada um ter a experiência da separação. Caso eles perseverem no desejo de se divorciar, decreta-se então o divórcio administrativo. É gratuito. Só quando sobrevêm pontos de discordância, tanto no contexto da separação administrativa quanto no do divórcio administrativo, é que se torna necessário recorrer ao tribunal e contratar dois advogados.

Eu não sabia disso quando sugeri a possibilidade desse tipo de separação. É muito interessante que isso já seja aplicado na Dinamarca. Esse modo de proceder parece muito flexível.

O que não impede que, de um ponto de vista geral, eu acredite que nossa sociedade errou em liberalizar tão amplamente o divórcio.

Você tem insistido com frequência no fato de que a criança desconhece que tem direitos – de ser alimentada, abrigada, educada, supervisionada, e de não ser espancada – e que o não dito sobre seus direitos favorece nela a fantasia de que os adultos têm todos os direitos sobre ela. Quando há um divórcio, a criança ouve falar nos direitos que a lei confere aos pais. Da mesma forma, não é raro ela ouvir o genitor descontínuo declarar diante de terceiros e em sua presença: "Eu é que tenho direitos sobre ela."

Seria preciso, a meu ver, que os termos "direitos" e "deveres", que só figuram em um ou dois artigos do Código Civil[44] sobre essa questão, fossem retomados e esclarecidos em todos os artigos onde é necessário especificá-los. É que, atualmente, muitas vezes eles ainda constituem um contrassenso tanto para os ouvidos dos pais quanto dos filhos.

De fato, estar ligado por direitos e deveres à sociedade é uma dialética do sujeito, seja ele filho ou pai.

Antes dos sete anos de idade, a criança suporta seus deveres como obrigações perante o mais forte, de quem depende a manutenção de sua vida. Seus deveres enquanto tais, desligados da obrigação perante o adulto, só se tornam claros para ela com o advento da idade da razão.

Por outro lado, quando ela atinge essa idade, os pais, por sua vez, já não têm perante ela senão deveres, e não direitos.

Por fim, aos quatorze anos, o filho já não tem em relação aos pais outros deveres que não os de todo cidadão perante os outros cidadãos: deveres de solidariedade familiar e de solidariedade social.

Por outro lado, toda criança imagina ser o centro da vida dos pais. Acredita, portanto, que seus pais têm de "virar idiotas" por causa dela. Isso é justamente o que se deve evitar, e que muitas sentenças de divórcio provocam ainda hoje. O pai e a mãe não fazem mais do que ficar girando em torno de seus pretensos direitos, que se convertem no centro de sua obsessão.

Mais uma coisa: as decisões são executórias se necessário mediante o recurso à força pública; só podem reforçar, em algumas pessoas, o sentimento de seu "direito legítimo".

Muitos divórcios ainda são homologados "pelas falhas" e "pelos erros". Estes podem ser compartilhados, mas ainda é comum ou-

virmos dizer: "Meu marido (minha mulher) tem toda a responsabilidade pelos erros."

Qualquer que seja a idade do filho, essa expressão pejorativa e acusatória é desestruturante para ele, sem contar que é sempre falsa; destila seu veneno no coração dos filhos.

As dissenções de um casal provêm de dificuldades bilaterais relacionadas com a evolução pessoal de cada um. E o único erro de cada um foi o de se enganar a seu respeito e a respeito do outro ao constituir uma família.

O pai – e, mais raramente, a mãe – é condenado a pagar uma pensão alimentícia. É desejável para o filho ouvir ou ler que um de seus pais foi "condenado"?

Quando o filho ouve ou lê que o pai ou a mãe foi "condenado(a)" a pagar uma pensão alimentícia para ele e seus irmãos, se os houver, isso continua a ser um veneno destilado em seu coração, da mesma forma que quando ele toma conhecimento de que o divórcio foi homologado "pelos erros" de um dos pais ou de ambos.

* * *

Nos julgamentos de divórcio motivado por erros, nas decisões de modificação do exercício da autoridade parental, o juiz invoca a noção do "interesse do filho" para atribuir a autoridade parental a este ou aquele dos pais. O termo "filho" é empregado pela Justiça em seu sentido amplo e designa o filho ou a filha que não atingiu dezoito anos.

O termo "menor" seria mais apropriado; "filho" está ligado unicamente aos genitores ou aos pais legais ou adotivos. De qualquer modo, quer se diga "filho" ou "menor", essa disposição legal não deveria estender-se até os dezoito anos. Um filho de pais divorciados, muito mais ainda do que o filho de um casal unido, deveria ser reconhecido como podendo, mais cedo que outros, tentar assumir a responsabilidade por si mesmo, trabalhando de maneira lícita, por exemplo, em vez de ficar aos cuidados de um único membro do casal ou de um genitor que não leva uma vida de casado. A meu ver, a sociedade deveria reconhecer em certos filhos de divorciados uma capacidade de emancipação moral e cívica. Talvez se devesse criar uma expressão como "menor legalmente autonomizado". Nem por isso ele seria desligado do vínculo com seus pais, ao contrário da emancipação, que exime a responsabilidade dos pais. Ele preservaria suas relações afetivas com os pais, e estes conservariam sua responsabilidade perante ele na medida em que chegassem a um acordo, os pais e o filho.

É próprio dos adolescentes quererem ser autônomos, mais ainda quando seus pais são divorciados.

Em sua opinião, a autonomia da criança começa aos nove anos; aos doze anos, em geral, ela é autônoma.

Mas seria preciso que a autonomia social, a possibilidade de executar um trabalho remunerado, fosse reconhecida aos jovens de quatorze anos. A autonomização intrafamiliar começa, efetivamente, aos nove anos, quando a criança decide passar o fim de semana na casa de um amigo, estudar violino ou flauta, ou ir para um acampamento de escoteiros. São os pais que lhe dão a autorização, mas é ela quem toma as iniciativas. Estas são controladas pelos pais, mas não proibidas.

A Justiça, por seu lado, não deve esquecer que as medidas tomadas "no interesse do filho" constituem as condições que o conduzirão a se tornar autônomo na adolescência. Ele está numa dinâmica evolutiva. Por isso é que a decisão concernente à guarda deveria ser remanejada com frequência. Tudo o que possa torná-lo mais apto a se separar de ambos os pais, tanto do genitor contínuo quanto do genitor descontínuo, por ele ser capaz de assumir a responsabilidade por si mesmo, deve ser buscado, com os recursos dos conhecimentos psicológicos atuais, nas decisões a serem tomadas.

Cabe considerar, por esse ponto de vista:

- o interesse imediato e urgente de que a criança não se "desarticule";
- o interesse, a médio prazo, de que ela recupere sua dinâmica evolutiva após os momentos difíceis; e
- o interesse, a longo prazo, de que ela possa deixar seus pais: é preciso que ela seja apoiada na conquista de sua autonomia mais depressa do que os filhos dos casais unidos, ou seja, que se torne capaz de assumir a responsabilidade por si, e não de se apegar demais ao genitor contínuo ou desenvolver mecanismos de fuga, que são principalmente de dois tipos: a inibição – a fuga para dentro de si – ou o abandono da formação pré-profissional, dos estudos, o que às vezes chega até às fugas repetidas.

O "interesse do filho" consiste em levá-lo a sua autonomia responsável.

Ainda hoje ouvi falar num rapaz que, depois de passar dos vinte anos, e sendo o último dos irmãos, ficou sozinho com a mãe divorciada. Só agora está começando a ter amigos, exclusivamente rapazes. A mãe se inquieta com isso: "Estávamos sempre juntos. Ele foi o único que me restou. Achava muito ruim o que o pai tinha feito. Era bom aluno, e, agora que o exame está se aproximando, abandonou tudo."

Ele não pode ter êxito, porque está dentro do incesto. O "interesse do filho", nesse caso, teria consistido em dizer a essa mulher, muito mais cedo, que o colocasse num colégio interno ou em outro lugar, e que o impedisse de se dedicar a ela.

Se, como você afirma, as medidas tomadas no interesse dos filhos devem favorecer sua autonomia, o julgamento que atribui a autoridade parental deve poder modificar-se em função de seu desenvolvimento.

A lei prevê isso: as decisões são sempre passíveis de serem reformuladas, tantas vezes quantas forem necessárias.[45] Mas nunca dizem à criança que ela pode se dirigir ao juiz da vara de família. A partir dos oito anos, toda criança deveria poder comunicar-se com o juiz todas as vezes que o desejasse.

Além disso, independentemente da situação de divórcio, nunca se diz à criança que ela pode se dirigir ao juiz de menores e que isso faz parte de seus direitos.[46] O nome do juiz de menores deveria ser afixado em todas as escolas.

* * *

Na maioria das vezes, as crianças e adolescentes desconhecem as disposições do julgamento do divórcio, e ninguém lhes dá informações a esse respeito. Tomemos como exemplo esta entrevista:

"– Alô! Bom-dia, doutor.
– Bom-dia, madame.
– O meu problema é o seguinte: tenho quinze anos.
– Ah! Eu tinha dito 'bom-dia, madame'. Bom-dia, senhorita!
– Pois é, tenho quinze anos, meus pais são divorciados e moro com minha mãe. Vejo meu pai todas as quinzenas, bom, não regularmente, e ele me propôs, nas próximas férias, viajar com

ele; esclareço que ele é casado, quer dizer, que se casou de novo. Ele me propôs ir com ele...

– ...Com ele ou com eles?

– Bom, com eles. Falei disso com mamãe, e ela não quer de jeito nenhum; acontece que eu gosto muito do meu pai e gostaria muito de viajar com ele nas férias, mas não sei como convencer mamãe a me deixar viajar.

– Sei... E é ela que tem a guarda, oficialmente, nesse período de férias?

– Quer dizer, em princípio, todos os anos, durante as férias, tenho o direito... enfim, minha mãe tem que me deixar ficar quinze dias com meu pai, mas não está previsto que seja com minha madrasta. E aí, desta vez, ele me propôs viajar com ele e sua mulher.

– Sim, entendo, e é muito melhor para você viajar com seu pai e a mulher dele do que viajar sozinha com ele. E sua mãe não compreende isso?

– Não.

– Ela ainda ama seu pai?

– Não sei, acho que sim.

– Ainda tem ciúme dele?

– Não sei. Ela não fala comigo sobre isso.

– E por que você não lhe pergunta? Na sua idade, você pode fazer perguntas a sua mãe sobre os sentimentos dela em relação a seu pai.

– Sim, mas, o senhor entende, nós temos um relacionamento muito difícil. A gente não se entende nem um pouco em casa, não tenho absolutamente nenhuma vontade de confiar a ela meus problemas, meus... É mais fácil eu falar nisso com meu pai do que com minha mãe, porque sou muito distante de minha mãe, e seria chato para mim falar nisso.

– Escute, mocinha, é extremamente difícil dar-lhe uma resposta, porque, se você está com sua mãe, se ela se opõe a sua partida e se você não quer lhe causar sofrimento, indo embora sem que ela concorde, já é alguma coisa; mas talvez seu pai não tenha o direito de levá-la, de acordo com a lei determinada pelo juiz por ocasião do divórcio, na época em que seu pai não tinha voltado a se casar. Agora que ele o fez, é preciso saber se o julgamento esclarece seus direitos. Deveria ser ainda mais permitido a seu pai levá-la com ele, agora que reconstruiu um lar. Nesse momento, se a lei estiver do seu lado, sua mãe não poderá impedi-la, mesmo que isso a faça sofrer.

– Sei.

– E isso é muito importante, porque, se sua mãe tem a guarda e você fizer alguma coisa que a contrarie, de um lado, segundo os sentimentos dela, e de outro, contrariando a lei que foi decidida pelo juiz, ela estará no direito, depois, de recorrer; seu pai, sob o pretexto de ter levado você fora da determinação da sentença, não poderia mais vê-la de maneira nenhuma. Portanto, o que você precisa é conhecer a determinação da sentença e verificar se a guarda não pode ser transformada; você sabe que a guarda pode se transformar por solicitação de um dos pais, e principalmente por solicitação dos filhos, quando eles chegam a sua idade. Isso é tudo o que lhe posso dizer. Até logo, senhorita."[47]

Uma menina de cinco anos cujos pais estavam em processo de divórcio perguntou a uma de suas amigas, de quatro anos e meio: "Você sabe o que é divórcio?" A outra respondeu. "Sei. É quando o papai e a mamãe não podem mais viver juntos. Nos dias de semana, você vai morar onde for melhor para você, na casa da mamãe ou na do papai. Nos fins de semana, não todos, você vai para a casa do outro." Essa menina era filha de um juiz de vara de família.

Você pode perguntar aos pais dela e a ela própria se eles nos autorizam a publicar o que ela disse? É preciso valorizar as palavras dessa menina que sabe dizer tão bem coisas que os próprios adultos nem sempre dizem.

Aliás, essa história pode servir para compreender os limites da interpretação de uma criança dessa idade. "Você vai morar onde for melhor para você" não deve transformar-se em "Tudo o que os pais vivem está a serviço da criança". Cada um dos pais recuperou sua liberdade de continuar sua vida de cidadão novamente solteiro e pode voltar a viver, o que constitui o aspecto positivo do divórcio ou da separação. Um adulto poderia fazer a filha do juiz compreender que sua amiguinha cujos pais estavam em processo de divórcio deveria aceitar, um dia, que seu papai partilhasse sua vida de homem com outra mulher, e que sua mamãe não ficasse sozinha em casa.

* * *

Na maioria das vezes, o divórcio transcorre deixando a criança de fora. Antes que a audiência com o filho de mais de treze anos se tornasse sistemática, e a dos filhos de menos de treze anos fosse admitida, caso parecesse necessária,[48] alguns juízes de varas de família que julgavam útil o contato direto recebiam pré-adolescentes a partir dos nove anos, e até mesmo abaixo dessa idade, com a concordância do presidente do tribunal. Achavam que a criança tinha o direito de ter algo a dizer, e que era bom que também ela visse a pessoa que formulava a sentença.

A criança deve sempre ser ouvida – o que de modo algum implica que, depois disso, se deva fazer o que ela pede.

Além disso, a decisão pode ser-lhe explicada: o juiz opta por atribuir a guarda àquele que está mais apto a garantir as tarefas cotidianas exigidas pelo sustento e pela educação de uma criança que ainda não é autônoma.

Quanto aos filhos maiores, é importante levar em consideração suas observações e seus desejos, quando estes são acompanhados por uma vontade deliberada e refletida de viver com este ou aquele dentre os pais.

Em que condições poderia se dar a audiência com a criança? Você afirma, de fato, que ela deve dar sua opinião.

A partir do primeiro dia, desde o momento em que o processo é iniciado, o filho ou os filhos devem ser informados. E, ao final do processo, devem ser informados pelo juiz das decisões do divórcio, depois de serem recebidos por ele a sós, caso ele saiba conversar com crianças, evidentemente, ou por uma pessoa encarregada disso por ele, capaz de entrar em contato com crianças com facilidade. Atualmente, pouquíssimos juízes estão preparados para falar com crianças confrontadas com as dificuldades da separação parental. Isso vai mudar: hoje em dia, os juízes jovens são diferentes, e a lei também se modifica. O importante é que a criança possa ouvir palavras claras de alguém que não procure chegar ao nível delas, dourando as dificuldades. Basta dizer-lhe: "Você sabe por que veio até aqui? Seus pais estão pensando em se separar. Você sabia disso?" Quer ela responda ou não, é preciso falar-lhe; aos seis meses, ela ouve. Não existe idade para se explicar a uma criança sua situação. (Como fica provado pela cerimônia de naturalização em Quebec: eles têm razão de agir assim.)

Nesse meio-tempo, poderíamos solicitar a psicólogos competentes que conversassem de maneira adequada com as crianças e adultos momentaneamente fragilizados.

E a que está ligada essa "maneira adequada"?

A uma formação pessoal, não forçosamente psicanalítica. Pode ser uma psicologia de grupo. Mas a vida familiar pode ter formado as pessoas tão bem a ponto de elas se tornarem autônomas e compreenderem que já eram inteligentes quando crianças. Os que se sentiam idiotas quando pequenos acham que as crianças o são.

Por que foi que me interessei pelas crianças? Observadora e inteligente, e sendo a quarta de uma família de sete filhos, era fantástico! Meus pais, ocupados com os menorezinhos, esperavam muitas coisas dos mais velhos. Nessa época, situada no meio, eu estava "numa boa" para cuidar disso porque gostava de fazê-lo. Foi assim que aprendi que as crianças são inteligentes e que refletem sobre tudo o que veem.

Eu me pergunto se, em alguns casos, o contato contínuo com o jurídico não modifica imperceptivelmente, em certos psicólogos, essa capacidade de conduzir uma conversa "de maneira adequada". Estou pensando, por exemplo, numa amiga divorciada que, tendo solicitado e obtido a autoridade parental, estava em dificuldade quanto à escolha do estabelecimento escolar para seus filhos: o marido não aprovou sua escolha de maneira alguma e lhe propôs outra solução, que não deixava de ter valor. A ideia de discutir a sós com ele não lhe convinha e, por isso, ela teve a ideia de telefonar para uma psicóloga do tribunal. Nem sequer pôde expor o problema, pois a psicóloga lhe perguntou: "Quem detém a guarda?" "Sou eu." "Então, é a senhora quem escolhe."

Como se deter a guarda eliminasse os problemas! Esse tipo de resposta, formal, deve ser modificado por completo. Não é possível que se responda assim a pais que têm o senso de sua responsabilidade e estão à procura da melhor solução. Há um conflito: não vale a pena dizer que ele não existe, a pretexto de que, juridicamente, ele inexiste.

O juiz trabalha com um grupo de especialistas que podem ajudar a criança a falar, a compreender que nada é perfeito, e que as decisões são tomadas "pelo menos ruim", dada a situação simultaneamente afetiva e pecuniária de sua família. Não se trata de que a criança seja feliz, mas de que possa dar continuidade a sua dinâmica estrutural. Pois bem, essa dinâmica estrutural constrói-se, com muita frequência, com a hostilidade da criança. As pessoas querem que não haja conflito; ora, os conflitos é que são formadores, quando são assumidos.

O que afirmo com isso, com base na prática psicanalítica, opõe-se diametralmente às maneiras de agir segundo o que se acredita ser o certo. O que estou dizendo é subversivo em relação aos hábitos de agir para que se crie um mínimo possível de "casos". O que gera dramas no futuro é não se ter feito dramas quando criança: é aquilo que não se pôde dizer e assumir.

É preciso também que os pais assumam diante da criança o fato de não serem pais ideais, de estarem fazendo o que podem.

Além disso, seria importante que as crianças ouvissem, por parte do juiz, algumas palavras relativas a seus deveres filiais: manter relações pessoais com as famílias de suas duas linhagens parentais, seus avós, tios, tias, primos e primas.

Por que caberia ao juiz explicar à criança que compete a ela assumir preponderantemente a si mesma?

Creio que cabe ao juiz porque ele é o terceiro que responsabiliza os pais, não só perante a lei escrita, mas perante a lei de sua responsabilidade de pais. Eu acrescentaria que isso compete ao juiz precisamente porque, estando também ele obrigado a seguir a lei (ele não pode fazer o que quer, e, portanto, é como qualquer um que esteja submetido à lei), é ele que, nessas circunstâncias, está encarregado de formulá-la às pessoas. Por outro lado, na decisão que toma, ele próprio está sujeito a condições que tem de avaliar. Assim, é importante que ele diga à criança: "Dadas as possibilidades [por exemplo, o fato de o pai ou a mãe ser proprietário de um apartamento] e o fato de você ter vivido até o presente em tal bairro, e dado que seu pai [ou sua mãe] está pleiteando sua guarda e que considero que, na sua idade, os colegas e a escola têm grande importância, tomei a decisão – não que eu afirme ter razão, mas creio tê-la tomado medindo as coisas da melhor maneira – de confiar você à guarda de seu pai [ou sua mãe]. Assim, julgo estar levando em conta o que é menos ruim para você."

A meu ver, isso é o que deveria ser dito à criança pelo juiz, assumindo ele as razões de sua decisão ao se referir à lei que está aplicando. É preciso que a criança saiba que o juiz não faz a lei e que não faz o que quer. O juiz está preso, seja à lei, seja à lógica de uma situação: assim, adota uma medida que talvez a criança não deseje, mas que lhe parece a melhor para o desenvolvimento dela.

Naturalmente, tanto a criança como seus pais imaginam toda sorte de coisas a propósito do juiz. Acham que ele tira prazer do que faz. Quando um dos pais não fica satisfeito com a decisão, atribui isso a um "mau juiz". É que os pais não compreendem que o juiz também está marcado pela castração, de um lado, pelo fato de estar igualmente submetido à lei, e de outro, por julgar junto com eles o que é menos ruim para a criança, dadas as realidades da vida prática que os pais lhe propõem.

Creio, portanto, que é melhor que seja o juiz a falar com a criança. Nem que ele lhe diga apenas algumas palavras, tendo que acrescentar: "A sra. Fulana, minha assistente, explicará com maiores detalhes, a você e a seus pais, tudo o que estou dizendo. Ela responderá a todas as suas perguntas." Essa pessoa pode ser uma psicóloga formada para tal tarefa.

É claro que os pais sempre se sentem castrados pela decisão do juiz. Mas creio que marcar todo mundo com a castração é justamente aquilo em que pode redundar em um divórcio que se efetue de maneira sadia e que seja vivido sadiamente: em outras palavras, como um fato do qual ninguém extraiu gozo.

O que, infelizmente, se esquece de lembrar quando o juiz profere a sentença é que ele próprio está submetido à lei. Os pais sabem disso, mas frequentemente não o dizem aos filhos. Portanto, nada lhes é transmitido nessa ocasião acerca da castração de cada um pela submissão à lei. Em vez disso, o que as crianças mais ouvem, por ocasião dos primórdios do julgamento final, é os pais discutirem a pessoa do juiz: "Esse juiz é assim ou assado." Falam nele como se ele decidisse de acordo com seu humor. Dizem que ele tem mau caráter, que é um sujeito intratável, sabe-se lá o quê; que é um juiz que não gosta das mulheres, ou não gosta dos homens etc.

Para muitas famílias, o juiz se afigura como alguém que faz a lei. Ora, é muito importante, quando se está pensando no futuro de uma criança, a fim de afastar o risco de que ela se torne delinquente – já que, hoje em dia, ainda há quem se esforce por mostrar, nas porcentagens de crianças problemáticas que se tornam delinquentes juvenis, que elas são filhas de pais desunidos –, que o juiz lembre que ele próprio está submetido à lei e que não faz mais do que aplicá-la. Porque é no momento em que a lei é imposta na família, por ocasião do divórcio, que ela pode ser ensinada como um fato de castração válido para todos – inclusive para o presidente da República.

Assim, o juiz pode indicar em poucas palavras que está assumindo sua decisão, deixando ao encargo de uma assistente social competente ou de uma psicóloga de sua equipe explicar à criança e aos pais a decisão tomada, graças ao que é permitido pela lei, da melhor maneira possível para cada um, mesmo que ela se afigure discutível.

Você afirma que, a partir dos oito anos, a criança deve comunicar-se com o juiz da vara de família tantas vezes quantas o desejar...

Creio que com isso se evitariam enormemente as atuações nas crianças – sendo a mais grave delas o suicídio – quando elas não encontram outra solução e estão num profundo mal-estar existencial.

As crianças devem ser informadas de que podem escrever ao juiz e de que este pode convocá-las rapidamente.

Talvez não o juiz, mas alguém de sua equipe, não é?

Alguém que, em nome do juiz, esteja à disposição delas. A lei está a serviço dos cidadãos. E, a meu ver, já se é cidadão a partir dos oito anos de idade. Assim, conviria que alguém estivesse ali para dizer à criança: "O que é que não está indo bem? Você quer falar comigo? Em nome do juiz, sr. X ou sra. Y, estou aqui para escutá-lo(a)."

O juiz é o representante da lei. Pois bem, as crianças, até esse momento, só tiveram contato com uma lei que as "enfiou num buraco", ao passo que a lei existe para defender as liberdades. É preciso sustentar no jovem a liberdade de pensar e de se exprimir sobre a situação que lhe é criada, o que não quer dizer que, por ter se queixado do que está acontecendo em sua família, ele será imediatamente trocado de família; de modo algum. Mas, como terá podido falar a esse respeito, será reconhecido como alguém que tem o direito de pensar e não ficará no desespero da solidão.

Explicou-se diante de alguém que não está implicado na sua história pessoal.

Exatamente; e alguém que preserva o sigilo profissional e que não vai se intrometer e contar aos pais o que a criança lhe confiou. Não é necessário, para que a criança possa falar com um terceiro, que ela tenha chegado ao ponto de ter sintomas que a conduzam a um psicanalista.

O conjunto do processo judicial, que não poupa nem os pais nem os filhos, é sua "caixa de ressonância natural". Por isso é que, em minha opinião, é desse processo que decorre, para a criança, a possibilidade de falar com um terceiro. Se, na equipe que trabalha com o juiz, o psicólogo que ouve a criança percebe que ela está realmente mais "perturbada" do que deveria estar pelo simples fato do divórcio, nada o impede de lhe dizer isso nessa oportunidade: "Peça à pessoa com quem você mora para levá-lo(a) a tal serviço de atendimento ou a tal psicanalista."

O papel dessa equipe, portanto, seria acolher, escutar, explicar e encaminhar a um psicólogo de fora, se necessário, não é?

Trata-se de ajudar as crianças maiores numa situação difícil de divisão interna, que é a dos filhos de divorciados; de lhes permitir que se encarreguem de seu próprio destino, o que é o papel da autonomização na educação.

Alguns pré-adolescentes e adolescentes ficam vagando nas imediações do Palácio da Justiça e não ousam penetrar nele: gostariam de falar das repercussões e consequências do divórcio ou da separação de seus pais em sua vida, e de ser escutados "ali" onde isso aconteceu, mas não sabem a quem se dirigir.

Eu não sabia que não havia uma recepção para eles. Mas não lhes deve ser difícil perguntar ao guarda na porta de entrada:

"Há algum lugar, uma sala onde respondam às perguntas dos jovens cujos pais se separaram?"

Faz parte da evolução dos adolescentes sadios voltar aos lugares que foram testemunhas dos momentos importantes de sua infância. É uma necessidade de sua adolescência procurar suas lembranças, sua babá, suas fotos quando bebês.

Na eventualidade de um divórcio conflituoso, quando a criança parece perturbada, é possível solicitar uma perícia psicológica. Você acha fácil decodificar a fala da criança no contexto de uma situação assim?

Não, mas isso não é razão para não tentar. Seria preciso explicar à criança a razão pela qual seus pais ou o juiz acharam que ela estava sofrendo e propor-lhe que fizesse testes cujos resultados lhe seriam fornecidos. É absolutamente necessário que a criança tenha o resultado de seus testes. Isso lhe diz respeito.

Geralmente, o perito redige o laudo depois de ter dado explicações à criança e discutido com ela os elementos que se afiguram como os mais importantes para levar ao conhecimento do juiz. A criança é igualmente informada de que seus pais tomarão conhecimento dele e de que os advogados de ambos o debaterão.

A criança precisa, principalmente, de um interlocutor que não a leve imediatamente a sério e que compreenda o clima afetivo do qual emanam suas afirmações e sua "ação". O que a criança diz nem sempre deve ser tomado à primeira vista. Cabe decodificar o desejo por trás de seus ditos. Vou lhe dar um exemplo muito simples, expressamente escolhido fora do contexto do divórcio. Uma criança sabe que seu padrinho, de quem gosta muito, irá visitar sua mãe durante a tarde. É possível que essa criança queira, ao mesmo tempo, ver o padrinho e impedir a mãe de flertar com ele, sem que saibamos se é por amor ao padrinho ou por uma reação edipiana de ciúme, uma vez que ela gostaria de tomar o lugar do padrinho. Assim, de repente, ela pode ter dor de ouvido ou dor de barriga, dizer que não quer sair ou agir de maneira a cancelar o passeio que faria. Não é que esteja com dor de barriga ou de ouvido, é por não querer que a mãe fique a sós com o padrinho em sua ausência.

Existe uma lógica dos discursos da criança na qual é preciso iniciar-se para compreender o que ela quer dizer no curso daquilo a que chamamos "perícias".

* * *

Ao longo de toda a nossa entrevista, evidenciou-se sua preocupação em salvaguardar o sujeito em potencial que a criança constitui, bem como sua identidade e suas raízes, quando sobrevém um desmembramento do casal, e também a preocupação de ajudá-la a se estruturar. Isso não equivale a respeitá-la?

Respeitar a dignidade da criança é dizer-lhe a verdade, tanto sobre o que a vida em comum produz nos pais unidos quanto sobre o que a vida desunida produz nos pais levados a se separar. Muitas vezes, os filhos de pais separados têm mais chance, por lhes dizerem a verdade, do que aqueles a quem ela não é dita, quando os pais estão apenas aparentemente unidos. Eles parecem unidos, seja por gostarem de dormir juntos, seja por terem dinheiro em comum, seja por não quererem se separar dos filhos, a quem ambos são muito apegados. Esses pais não dizem aos filhos a verdade: "Já não dormimos juntos, temos liberdade em relação a nosso corpo; fizemos esse arranjo até que o último de vocês chegue aos dezoito anos. Permanecemos juntos de comum acordo."

O ser humano que escolheu uma família em que nascer sofre quando a desunião não lhe é explicada como uma situação efetivamente de fracasso, mas, infelizmente, inevitável. Para a dignidade da criança e de seus pais, é necessário que estes digam o que fazem e façam o que dizem.

Anexo: Os tipos de divórcio

Desde 1975,[*] existem, esquematicamente, três tipos de divórcio na França:

1. o divórcio por consentimento mútuo [consensual];
2. o divórcio litigioso;
3. o divórcio por ruptura da vida em comum.

1. Existem dois tipos de *divórcio por consentimento mútuo*:
   a) O divórcio por solicitação conjunta (petição conjunta), que pressupõe a concordância dos cônjuges em se divorciar e regulamentar as consequências do divórcio, tanto no tocante aos filhos quanto aos bens, caso disponham destes. Eles não têm que dar ciência das razões de seu divórcio. Propõem ao juiz da vara de família um acordo temporário, que é homologado no momento da tentativa de conciliação, e depois um acordo definitivo, por ocasião da sentença que regerá as consequências do divórcio: esses dois acordos tornam-se executórios a partir da homologação pelo juiz. O acordo definitivo especifica as decisões tomadas pelos pais em relação aos filhos: eles mesmos escolhem as modalidades do exercício da autoridade parental e eles próprios fixam o montante da pensão alimentícia.

Se a autoridade parental é confiada a um dos pais, o outro não a exerce e se beneficia de um direito de visita, cuja frequência e distribuição são acertadas com o cônjuge. Beneficia-se igualmente do direito de supervisão. Se a autoridade parental é conjunta, ape-

---

[*] Código Civil [francês], artigos 229 a 295.

nas a residência habitual da criança tem de ser fixada. Não é necessário regulamentar o direito de visita.

O juiz da vara de família é quem tem a competência exclusiva para homologar o divórcio por petição conjunta.

Nesse tipo de divórcio, a expressão "no interesse da criança", concernente às decisões tomadas a respeito dela, não aparece na convenção, já que se supõe que o acordo entre os pais a propósito dela tenha sido firmado em seu interesse. Quando o acordo não prevê modificações significativas quanto ao futuro da criança, as revisões só podem ser introduzidas por motivos graves.

É possível o recurso a um único advogado.

b) O divórcio mediante petição formulada por um e aceita pelo outro.

O cônjuge que deseja divorciar-se apresenta uma petição acompanhada de um relatório no qual descreve a situação conjugal e propõe medidas provisórias. Esses documentos são comunicados ao outro cônjuge, que pode aceitar ou rejeitar o relatório, ou propor sua versão pessoal. No caso de aceitação ou contestação dos fatos, o juiz da vara de família procede a uma tentativa de conciliação, estipula as medidas provisórias e, em seguida, autoriza o requerente a citar seu cônjuge para que compareça ante o tribunal de primeira instância. É o tribunal que homologa o divórcio e regulamenta em definitivo suas consequências (exercício da autoridade parental e pensão alimentícia).

2. O *divórcio litigioso* obriga os cônjuges a invocar motivos. Eles têm de recorrer a dois advogados diferentes. As propostas que cada um formula a respeito dos filhos não impõem uma obrigação ao tribunal, que decide soberanamente mas tem de levá-las em conta, bem como a opinião dos filhos, caso eles tenham mais de treze anos. O tribunal tem de justificar sua decisão, que deve

estar de acordo com "o interesse da criança". Na maioria das vezes, a autoridade parental passa a ser exercida por um único genitor, enquanto aquele que não a exerce se beneficia do direito de visita e de supervisão. Na hipótese de exercício conjunto da autoridade parental, o juiz ou o tribunal determinam qual será a residência habitual da criança.

3. *Divórcio por ruptura da vida em comum.* Pode ser solicitado após uma separação de fato de mais de seis anos.

* * *

Convém lembrar, por outro lado, que: "O juiz da vara de família ... é a única pessoa competente, uma vez declarado o divórcio, qualquer que seja a causa dele, para estipular as modalidades do exercício da autoridade parental e a modificação da pensão alimentícia, bem como para decidir confiar as crianças a um terceiro.*

Por último, cabe notar que, nos casos de divórcio por solicitação formulada por um e aceita pelo outro, ou nos de divórcio litigioso ou divórcio por ruptura da vida em comum, enquanto o divórcio não é homologado, os cônjuges podem optar a qualquer momento, se estiverem de acordo, pelo processo por consentimento mútuo através de petição conjunta. [Nota redigida por Inès Angelino.]

---

*Código Civil [francês], art. 247, alínea 1.

Notas

1. Cf. F. Dolto. "Le cas d'Agnès: à quelques jours, perte de l'image du corps olfactive; se laisse mourir". In *L'image inconsciente du corps*. Paris: Seuil, 1984, p.66 ss.; e "Le cas de Sébastien: une entrée dans l'autisme à cinq mois", ibid., p.238 ss.
2. F. Dolto. *La difficulté de vivre*. Paris: Carrère, 1986, p.355.
3. F. Dolto. *Séminaire de psychanalyse d'enfants*, vol.II. Paris: Seuil, 1985, p.139.
4. Cf. F. Dolto. *Dialogues québécois*. Paris: Seuil, 1987, p.148.
5. J.-M. Bonneville. "Le point de vue de l'enseignant", in conferências da Comissão Nacional da Infância, no contexto das Entrevistas de Bichat, "L'enfant et l'instabilité du couple parental", 28/9/1983, publicado pelo CNE, 51, av. F.D. Roosevelt, Paris.
6. Secretaria encarregada da condição feminina. *La garde des enfants du divorce*. Paris, março 1981 (mimeo), p.32.
7. Cf. F. Dolto. *La cause des enfants*. Paris: Robert Laffont, Livre de Poche, 1985, p.376-85.
8. F. Dolto. "Que leur dire quand on divorce...". In *Le Nouvel Observateur*, nº 675, 17 out 1977, p.86-9.
9. Cf. F. Dolto. *Solitude*. Paris: Vertiges-Carrère, 1985, p.204.
10. A Lei Malhuret (Lei nº 87-570, 22 jul 1987, relativa ao exercício da autoridade parental) suprimiu os termos "genitor guardião" e "genitor não guardião". Introduziu a noção de exercício da autoridade parental: um dos pais "tem o exercício da autoridade parental", enquanto o outro "não tem o exercício da autoridade parental", a menos que os dois estejam de acordo quanto à autoridade parental conjunta. Nesse caso – ainda pouco frequente –, ela é exercida por ambos os pais e a residência habitual da criança é fixada na casa de um deles.

Atualmente, a antiga terminologia, "genitor guardião" e "genitor não guardião", ainda parece predominar. Neste livro, Françoise Dolto enfatizou, desde logo, que toda terminologia relativa ao divórcio é, evidentemente, uma terminologia dos adultos, que não implica um vínculo direto com o que a criança pode vivenciar antes e depois da dissociação e do desmembramento do casal de pais. O divórcio cria, juridicamente, uma espécie de "genitor contínuo", que assegura uma

permanência cotidiana, e um "genitor descontínuo", que aparece em datas fixas e desaparece, tornando a aparecer. Os termos "genitor contínuo" e "genitor descontínuo" de modo algum remetem às imagens e às funções parentais internalizadas pelas crianças, tal como foram destacadas por Françoise Dolto em sua experiência clínica. Por sua vez, ela sempre se recusou a empregar os termos "genitor guardião" e "genitor não guardião", preferindo as perífrases "o genitor que tem o tempo principal" e "o genitor que tem o tempo secundário". Uma vez que esse uso tornaria o texto pesado, lembrei-lhe então que ela havia cunhado, muito tempo atrás e num contexto inteiramente diverso, os termos "genitor contínuo" e "genitor descontínuo". Ela concordou em retomá-los aqui, por comodidade. Eles não constituem, em absoluto, um novo conceito, e nem aspiram a isso. [Nota de I. Angelino.]
11. Cf. nota anterior: Lei Malhuret.
12. Cf. F. Dolto. *Tout est langage*. Paris: Vertiges-Carrère, 1987, p.96: "Há pai(s) que é (são) pai(s) nutriz(es) do bebê, seja por ter(em) um trabalho domiciliar, seja por estar(em) desempregado(s) ou por estar(em) preparando sua tese, enquanto a mulher é obrigada a sair para trabalhar e voltar à noite; pois bem, a esse(s) pai(s) o filho chama 'mamãe', enquanto chama a mãe de 'papai'".
13. *Juris-classeur civil*. Paris: Éditions Techniques, 1987, "Divorce, conséquences du divorce pour les enfants", 8, 1982, arts. 286 a 295 do Código Civil, fasc. 1, nº 49:
"Elementos ligados aos pais: Meio ambiente. – Pode ser favorável (pai ajudado por seus pais, *Cass. civ. II, 10 fev. 1971: J.C.P. 71, éd. G.IV. 72*. – *14 nov. 1973: Bull. civ. II, nº 291*), ou, ao contrário, nefasto (concubinato, a menos que se contemple um novo casamento posteriormente, *Cass. civ. II, 20 jan. 1967: D.S. 1967. 415*). É verdade que também se afirmou que seria preferível para 'a criança viver com um genitor que tenha reconstituído uma vida a dois' (sra. Dolto, *Le Monde, 4 abr 1978*)."
Vale ressaltar que essa foi uma das raras vezes em que o *Juris-classeur* levou em conta a opinião de um psicanalista – no caso, Françoise Dolto – sobre uma questão relativa ao divórcio e aos filhos.
14. J. Goldstein, A. Freud e A. Solnit. *Dans l'intérêt de l'enfant?*. Paris: ESF, 1980, p.44-5.
15. Ibid., p.45.
16. F. Dolto. *Solitude*, op.cit., p.202.
17. Colóquio internacional "L'enfant du divorce et son père". Paris, 31 mar–1º abr 1978, Pitié-Salpêtrière, p.34.

18. Ibid., p.9.
19. Com respeito ao trabalho com as crianças da Previdência Social Infantil colocadas em creches, cf. F. Dolto, *La cause des enfants*, op.cit., p.588-95; *Séminaire de psychanalyse d'enfants*, t.II, op.cit., p.98-101; *Tout est langage*, op.cit., p.88-89; *Dialogues québécois*, op.cit., p.51-3, 107; *Solitude*, op.cit., p.162, 206-7; F. Dolto e J.-D. Nasio, *L'enfant du miroir*. Paris: Rivages psychanalyse, 1987, p.67; *Enfants en souffrance*, op.cit., p.178-226; *Séminaire de psychanalyse d'enfants*, vol.I. Paris: Seuil, 1982, p.135-6.
20. Cf. H. Leridon e C. Gokalp, revista *Population et Société*, nº 220, Paris, jan 1988.
21. *L'image inconsciente du corps*, op.cit., p.225.
22. E. Roudinesco e F. Dolto. "Des jalons pour une histoire". In *Quelques pas sur le chemin de F. Dolto*. Paris: Seuil, 1988, p.21.
23. Decisão do Tribunal de Cassação datada de 2 de maio de 1984.
24. F. Dolto. "Le complexe d'Oedipe, ses étapes structurantes et leurs accidents". In *Au jeu du désir*. Paris: Seuil, col. "Points", p.194-244 [trad. bras.: *No jogo do desejo*. Rio de Janeiro: Zahar, Col. Psyche, 1984, p.158-95].
25. Cf. F. Dolto. *Séminaire de psychanalyse d'enfants*, vol.I, op.cit.: "No que concerne às otites, muitos pediatras constataram que as crianças as contraíam, com grande frequência, para não ouvir certas palavras. Quando é possível remontar ao que aconteceu, comumente verificamos que se trata de palavras que afetavam o pequenino ser humano num ponto vivíssimo de sua estrutura amorosa ou de amância, e que tais palavras poderiam entrar em conflito com o ser amado naquele momento."
26. Cf. F. Dolto. *Tout est langage*, op.cit., p.96-8.
27. C. Bonjean. "Divorce: Un enfant sur deux oublie son père". In *Le Point*, nº 800, 18 jan 1988, p.59.
28. Cf. F. Dolto. *Séminaire de psychoanalyse d'enfants*, vol.II, op.cit., p.101-5, "Une pseudo-débile".
29. Cf. F. Dolto. *Solitude*, op.cit., p.211: "As crianças intuem, sempre intuíram a fecundidade nas relações sexuais. Eu me pergunto como será, agora que elas estão a par do aborto frequente, se não constante, e da evitação da fecundidade. Não sei, de modo algum, se será algo que permanecerá nas fantasias, ou se as fantasias se alinharão com as possibilidades da realidade... É dentro de quinze anos que veremos as consequências disso nos adolescentes: nas associações livres, nos sonhos."

30. Colóquio internacional "L'enfant du divorce et son père", op.cit., p.26.
31. F. Dolto. *Solitude*, op.cit., p.316; *Au jeu du désir*, op.cit., p.208-9 [*No jogo do desejo*, op.cit.]; prefácio a M. Mannoni, *Le premier rendez-vous avec le psychanalyste*. Paris: Gonthier, 1965, p.27 [trad. bras.: *A primeira entrevista em psicanálise*. Rio de Janeiro: Campus, 2ª ed., 1982].
32. J.-J. Guillarmé e Ph. Fuguet. *Les parents, le divorce et l'enfant*. Paris: Éditions Sociales Françaises, 1985, p.81, 87 e 99.
33. Ministério da Justiça. *Statistiques Annuelles*, nº 4, *Les procès civils 1984-1985*. Paris: La Documentation Française, 1987, p.83.

Casos de divórcio e autor da petição
(*Evolução de 1976 a 1985*)

CASOS DE DIVÓRCIO / AUTOR	1976			1985		
	TOTAL	MARIDO	MULHER	TOTAL	MARIDO	MULHER
Total	100,0	32,9	67,1	100,0	26,5	73,5
Pedido aceito	100,0	39,8	60,2	100,0	32,0	68,0
Litigioso	100,0	30,4	69,6	100,0	24,4	75,6
Ruptura da vida em comum	100,0	71,3	28,7	100,0	54,9	45,1

No caso de petição conjunta, se, de um lado, a iniciativa é realmente comum no momento da apresentação do pedido, a decisão do rompimento, por outro lado, provavelmente se deveu, num bom número de casos, a apenas um dos cônjuges, sobrevindo o acordo posteriormente.* A tradicional preponderância da solicitação feminina inclina a pensar que a iniciativa desse tipo de divórcio ainda cabe majoritariamente à mulher.

34. Ver, sobretudo, *L'image inconsciente du corps*, op.cit., cap.II, "Les images du corps et leur destin: les castrations", e também cap.III.
35. Cf. *Journal des psychologues*, nº 25, *L'enfant et son corps*, Marselha, mar 1985:

---

* "A rigor, basta, muitas vezes, examinar de perto o acordo definitivo para perceber, pela desigualdade da liquidação concluída entre as partes, que um dos divorciantes 'vendeu' seu divórcio ao outro. Fica fácil, então, adivinhar que quem 'comprou' o divórcio é que foi, na realidade, o iniciador." (Dominique Coujard, "Le divorce vers une nouvelle morale", *Informations sociales*, nº 7, 1982.)

"Pergunta: A senhora acha possível instaurar uma prevenção dos distúrbios da primeira infância?

F.D.: É claro que sim, e estou tentando contribuir para isso através da criação do que chamamos de "Casa Verde", que é um local de lazer para bebês de zero a três anos com os pais, a fim de prepará-los, antes dos dois meses, para irem para a creche, antes de alguns meses, para irem para o maternal, e antes dos dois anos, para irem à escola. Trata-se de preparar a criança para que ela seja aceita em sociedade com seus pais em meio a outras crianças de sua idade, porque, atualmente, cuidamos dos pequeninos cidadãos sob a condição de separá-los daqueles que promovem sua segurança e de quem depende sua identidade. Eles nem sabem quem são e já se veem colocados numa creche. É completamente diferente depois que passam pela 'Casa Verde' e contam com uma dúzia de presenças nesse local, porque falamos com a criança sobre tudo o que a mãe diz. Recebemos, acolhemos a criancinha e nos dirigimos a ela como a um interlocutor válido. Nós a nomeamos em seu nome, sua idade e seu sexo. Quando uma criança agride a outra, nunca a culpamos. Colocamos isso em palavras, e palavras exatas. Quebrar um objeto não é como destruir ou mutilar, e isso deve ser indicado à criança."

A propósito da "Casa Verde", ver F. Dolto, D. Rapoport, B. This e R. Clément, "La Boutique Verte", in *Enfants en souffrance*. Paris: Stock, col. "Pernoud", Paris, 1981, p.137-55; F. Dolto, *La Cause des enfants*, op.cit., p.520-1 e 548-77; "Image de soi dans le miroir, lecture et écriture", in *Le bloc-notes de la psychanalyse*, nº 7, Genebra, 1987, p.223-38; *Solitude*, op.cit., p.215; "La Maison Verte", in *Esquisses Psychanalytiques*, nº 5, primavera 1986, Centro de Formação e Pesquisas Psicanalíticas.

36. F. Dolto. *L'image inconscient du corps*, op.cit., p.330.
37. F. Dolto. *Le cas Dominique*. Paris: Seuil, 1971, p.25 [ed. bras.: *O caso Dominique*. Rio de Janeiro: Zahar, 2ª ed., 1981].
38. F. Dolto. *La cause des enfants*, op.cit., p.380.
39. Cf. F. Dolto. *Dialogues québécois*, op.cit., p.214.
40. F. Dolto. *La cause des enfants*, op.cit., p.383.
41. Cf. F. Dolto. *L'image inconscient du corps*, op.cit., p.182-3.
42. Circular nº 73-131, 9 mar 1973, *BOEN*, nº 12, 22 mar. 1973; e circular nº 76-080, 19 fev 1976, *BO* nº 11, 18 mar 1975.
43. Lei dinamarquesa nº 256, 4 jun 1969.
44. Código Civil, art. 286 e 371-2.
45. Código Civil, art. 291: "As decisões relativas ao exercício da autoridade parental podem ser modificadas ou complementadas a qual-

quer momento pelo juiz, mediante solicitação de um cônjuge, de um membro da família ou do Ministério Público..."

Art. 292: "Em caso de solicitação conjunta, as disposições da convenção homologada pelo juiz com relação ao exercício da autoridade parental podem ser revistas por motivos graves, mediante solicitação de um dos cônjuges ou do Ministério Público."

46. Código Civil, art. 375: "Se a saúde, a segurança ou a moralidade de um menor não emancipado estiverem em perigo, ou se as condições de sua educação estiverem gravemente comprometidas, as medidas de assistência educativa podem ser ordenadas pela justiça mediante solicitação do pai e da mãe, conjuntamente, ou de um deles, do guardião ou tutor, do próprio menor ou do Ministério Público.

"O juiz pode encarregar-se dessa função a título excepcional, e as medidas podem ser ordenadas simultaneamente para diversas crianças que dependam da mesma autoridade parental."

47. Entrevista gravada em 1969 entre uma jovem ouvinte e o Dr. X.

SOS psychanalyste, Dr. X et Aïda Vásquez. Paris: Fleurus, 1976, p.348-9. Eu era o Dr. X, mas esse programa de rádio, que tinha um sucesso todo especial junto aos jovens e às crianças, não devia ser referido a nenhum nome de médico. O que era anonimamente dito no rádio pertencia àquele que o gravasse. Um grupo de educadores fez uma gravação dessas transmissões e, posteriormente, delas extraiu um livro. Ganhamos terreno desde então, já que todos os médicos podem falar em seu nome no rádio sem que ninguém tenha nada a censurar nisso, nem tampouco a ordem dos médicos! [Nota de F. Dolto.]

48. Código Civil, art. 290: "3. Dos sentimentos expressos pelos filhos. – Quando estes têm menos de treze anos, só podem ser ouvidos se sua audiência parecer necessária e não comportar nenhum inconveniente para eles; quando têm mais de treze anos, sua audiência só pode ser afastada mediante uma decisão especialmente motivada."

1ª EDIÇÃO [1989]
2ª EDIÇÃO [2011] 7 reimpressões

ESTA OBRA FOI COMPOSTA POR SUSAN JOHNSON EM META PRO
E MINION PRO E IMPRESSA EM OFSETE PELA GRÁFICA PAYM
SOBRE PAPEL ALTA ALVURA DA SUZANO S.A. PARA
A EDITORA SCHWARCZ EM JANEIRO DE 2025

A marca FSC® é a garantia de que a madeira utilizada na fabricação do papel deste livro provém de florestas que foram gerenciadas de maneira ambientalmente correta, socialmente justa e economicamente viável, além de outras fontes de origem controlada.